公共文化服务高质量发展

研究报告

中央文化和旅游管理干部学院 / 编

编　委　会

主　　任　卢　娟

副 主 任　孟晓雪　袁　航

编写人员　（以姓氏笔画为序）

王　斌　邢致远　毕绪龙　乔　丽　刘佳云
许立欣　李　蓁　沈建国　张桂刚　陆丽明
苗　宾　孟晓雪　段俊杰　姜　凯　袁　航
徐　明　魏鹏举

前　言

推进公共文化服务高质量发展是实现国家治理体系和治理能力现代化的必然要求。当前，人民群众的公共文化服务需求已经从“缺不缺、够不够”升级为“好不好、精不精”。推进公共文化服务高质量发展的重要性日益凸显。

2022 年 3 月，文化和旅游部、国家发展改革委、财政部三部委联合印发《关于推动公共文化服务高质量发展的意见》，明确了新发展阶段公共文化服务高质量发展的目标和主要任务，为今后一个时期公共文化服务工作提供了政策依据。为总结近年来公共文化服务高质量发展的整体推进情况，展示地方创新性举措，总结可供借鉴的典型经验，本书在文化和旅游部委托项目皮书系列“公共文化服务发展报告”编写的基础上，聚焦高质量发展主题，围绕公共文化服务研究的重点、热点和难点问题，选编有代表性的理论文章、优秀实践案例和地方调研报告，以期达到“叶落知秋，举一明三”的目标，从而为公共文化服务高质量发展提供有益借鉴。

本书由中央文化和旅游管理干部学院具体组织编写。国家公共文化和旅游服务建设专家委员会的成员，以及国家公共文化服务体系制度设计课题的项目负责人为本书编写提供了大量素材，在此一并感谢。受编者水平所限，书中内容难免有所疏漏，恳请各位读者批评指正。

编　者

2022 年 12 月

目录

I 总报告

II 理论思考

III 研究报告

Ⅳ 实践案例

总报告

当前我国公共文化服务体系建设的时代使命与发展方向

摘　要： 近年来，我国公共文化服务保障体系不断完善，服务效能不断提升，创新模式不断涌现，政策法规不断健全，人民群众的参与感、获得感、幸福感不断增强，公共文化服务体系建设取得了卓越成就。进入新发展阶段，公共文化服务体系建设站在了新的历史方位和历史起点上，面临新的发展形势和使命定位，需要通过全面推进均衡发展、品质发展、融合发展、特色发展、数字发展，在传承中华优秀传统文化、保障人民文化权益、促进人民精神富有、推动产业融合发展、创新人类文明新形态等方面发挥新的更大的作用。

关键词： 公共文化服务　文化消费　文化资源

2005 年 10 月，党的十六届五中全会通过《中共中央关于制定国民经济和社会发展第十一个五年规划的建议》，提出“加大政府对文化事业的投入，逐步形成覆盖全社会的比较完备的公共文化服务体系”，我国公共文化服务体系建设正式启动。2011 年 10 月，党的十七届六中全会提出看电视、听广播、读书看报、进行公共文化鉴赏、参与公共文化活动等为人民群众的基本文化权益，要求以政府为主导落实基本公共文化服务，标志着我国公共文化服务体系建设进入“快车道”。2022 年 10 月，党的二十大报告提出“实施国家文化数字化战略，健全现代公共文化服务体系，创新实施文化惠民工程”，在全面建设社会主义现代化国家新征程上对我国公共文化服务体系建设进行了新的部署。当前，我国公共文化服务体系建设正站在新的历史起点上，面临新的时代使命，只有全面总结公共文化服务体系建设的历史成就，准确把握其历史方位，积极回应新的时代挑战，才能更好地推动公共文化服务体系建设行稳致远，为推进文化自信自强、铸就社会主义文化新辉煌做出更大的贡献。

一　新时代十年中我国公共文化服务体系建设的卓越成就

党的十八大以来，中国特色社会主义进入新时代。在以习近平同志为核心的党中央的高度重视、亲切关怀下，在国家相关政策的大力推动下，在全国公共文化从业人员特别是基层文化队伍的共同努力下，十年间，我国公共文化服务领域取得了显著进步，设施体系不断健全，经费投入持续增加，人才队伍逐步健全，标准化、均等化水平稳步提高，服务效能不断提升，人民群众的文化权益得到了根本性保障，公共文化服务体系建设取得了历史性的卓越成就。

保障体系不断完善。十年来，以公共图书馆、文化馆、博物馆、乡镇（街道）综合文化站为主的公共文化服务机构设施总面积由 5700 多万平方米增加到 1 亿多平方米；公共文化服务惠及总人次由 15 亿多增加到 30 多亿；人均文化事业费由 35.46 元增加到 80.20 元。[①] 据统计，截至 2021 年

① 李国新、李斯：《现代公共文化服务体系实现跨越式发展》，《中国报道》2022 年第 10 期。

末，全国共有公共图书馆 3215 个、文化馆 3316 个、乡镇（街道）综合文化站 4.02 万个、村级综合性文化服务中心 57.54 万个，且全部免费开放。其中，全国公共图书馆共有从业人员 59301 人，实际使用房屋建筑面积为 1914.24 万平方米，图书总藏量为 126178.02 万册；全国群众文化机构共有从业人员 190007 人，实际使用房屋建筑面积为 4974.14 万平方米。[①] 相比十年前，各项数据都有了大幅提升。为了加强财政投入保障，2020 年国务院办公厅专门印发了《公共文化领域中央与地方财政事权和支出责任划分改革方案》，要求综合地方经济发展水平和基本公共文化服务内容的整体情况，分档按比例确定中央与地方的财政支出责任，进一步健全了公共文化服务财政保障机制。同时，优质的文化资源还通过各类专项计划不断从城市向乡村延伸，贫困地区、边疆民族地区、革命老区等基层的公共文化服务体系建设都实现了跨越式发展。“三区”人才支持计划文化工作者专项工作实施以来，累计向基层选派文化人才 16.9 万人；数字图书馆推广工程和文化共享工程让全国所有的地级市图书馆、99%的县级图书馆，获得超过 145TB 的数字资源。

服务效能不断提升。十年来，随着我国经济社会发展水平的提升，人民群众的文化消费需求日益高涨，对公共文化服务的要求也不断提高。2013 年 11 月，党的十八届三中全会提出了“国家治理体系与治理能力现代化”的改革总目标，强调要通过政治、经济、文化、社会等各个领域的体制机制改革，从整体上提升国家治理效能。在此背景下，公共文化服务管理部门和各级公共文化服务机构，通过积极推进文化体制机制改革、不断调整服务策略，对公共文化服务机构职责功能进行重新定位，进一步理顺政府与其他主体之间的关系，不断推进公共文化服务的精准化，有力提升了公共文化服务效能。据统计，2021 年全年公共图书馆实际持证读者为 10313.93 万人，比上年增长 0.6%；总流通人次为 74613.69 万，增长 37.8%；书刊文献外借数为 58730.15 万册次，增长 39.5%；外借人次为 23809.24 万，增长 36.3%。

① 中华人民共和国文化和旅游部：《2021 年文化和旅游发展统计公报》。

全年共为读者举办各种活动 202568 次，比上年增长 34.4%；参加人次为 11892.49 万，增长 28.2%。全年全国群众文化机构共组织开展各类文化活动 252.17 万场次，比上年增长 30.9%；服务人次为 83289 万，增长 47.9%，公共文化服务效能实现大幅提升。①

创新模式不断涌现。十年来，文化和旅游部共推动创建四批国家公共文化服务体系建设示范区和示范项目，引导全国各省（区、市）的 120 个城市和 203 个项目在公共文化服务制度设计、公共文化服务供给模式、公共文化服务方式等方面进行全面创新探索，文化馆图书馆总分馆制建设、基层综合性文化服务中心建设、城市书房、公共文化采购大会、文化驿站、文化淘宝等一系列创新做法纷纷涌现。各级公共文化机构还通过不断创新服务方式方法，更好地满足不同地区、不同年龄、不同职业群众的文化需求。上海市从 2016 年起推出市民艺术夜校，课程内容涵盖插花、香道、手机摄影、水彩画、陶笛、扎染、养生舞等 100 多种艺术种类。厦门市针对不同人群错时开办文化活动，提供特色化、差异化文化服务，积极吸引群众和游客走进文化场馆，以中青年为主的“上班族”逐渐释放潜在的文化需求，成为文化艺术教育的重要参与者。2020 年中秋节期间，北京的 12 家博物馆联袂举办文化活动，邀请市民到博物馆里过节。江苏无锡的公共文化场馆在节假日开展夜场文化活动也已经成为常态……此外，我国公共数字文化服务水平也在不断提升，从“云端”到“指尖”，公共文化服务“全时在线”。借助各类数字化服务，优质的文化艺术资源无阻传输，城乡群众能够随时随地同步分享文艺展演、专题讲座、艺术慕课等公共数字文化产品。

政策法规不断健全。十年来，公共文化领域先后出台了一系列重要政策和法规文件，初步形成了现代公共文化服务体系的制度框架。2015 年 1 月，中共中央办公厅、国务院办公厅印发《关于加快构建现代公共文化服务体系的意见》，对构建现代公共文化服务体系做出全面部署。2015 年 5 月，国务院办公厅转发文化部、财政部、国家新闻出版广电总局、国家体育总局

① 中华人民共和国文化和旅游部：《2021 年文化和旅游发展统计公报》。

《关于做好政府向社会力量购买公共文化服务工作的意见》，明确要求将购买公共文化服务资金列入各级政府财政预算，逐步加大现有财政资金向社会力量购买公共文化服务的投入力度。2017 年 3 月，我国文化领域第一部具有“四梁八柱”性质的重要法律《中华人民共和国公共文化服务保障法》正式实施，为明确政府责任、保障人民群众基本文化权益提供了法律依据。2017 年 9 月，中宣部、文化部等 7 部门联合印发了《关于深入推进公共文化机构法人治理结构改革的实施方案》，提出按照政事分开、管办分离的要求，以公共图书馆、博物馆、文化馆、科技馆、美术馆为重点领域，推动公共文化机构建立以理事会为主要形式的法人治理结构，进一步理顺了政府、市场、文化机构之间的关系。此外，《中华人民共和国公共图书馆法》《博物馆条例》《国家基本公共服务标准（2021 年版）》等的发布实施，以及各地先后出台的一系列地方条例、实施意见、实施标准和服务目录，都有力推动了上下衔接的公共文化服务政策体系和标准体系的初步形成。“十四五”以来，文化和旅游部、国家发展改革委、财政部 3 部委联合印发的《关于推动公共文化服务高质量发展的意见》，以及《“十四五”公共文化服务体系建设规划》等重要政策文件的出台，进一步更新完善了公共文化服务政策体系，不断推动公共文化服务体系建设高质量发展。

人民群众参与感、获得感、幸福感不断增强。十年来，随着生活水平的提高，人民群众对于接受公共文化服务、享受公共文化生活的需求越来越旺盛，参与感、获得感、幸福感也越来越强。图书馆、文化馆、博物馆、美术馆不断掀起文化新风尚，服务更加“对味”，人们与各类公共文化场馆的关系更加亲密、和谐。轻松学才艺、趣味享阅读、打卡观美展、登台显风采……丰富多彩、贴近群众的文化活动，如今已成为普通人日常生活的一部分，群众在文化活动中不仅仅是观众，还是演员、导演，成为真正的活动主体。为保障人民群众的知情权、参与权、表达权和监督权，文化和旅游部办公厅与国家文物局办公室于 2019 年印发了《公共文化服务领域基层政务公开标准指引》，要求基层政务公开主体按照决策、执行、管理、服务、结果“五公开”工作要求，主动公开公共文化服务领域的重点信息，确保群众看得到、听得懂、易获取、能监督、好参与。为更好地适应群众需求，让公共文化服务不断优化、触手可及，文化和旅游部门还积极推动群众性文化活动广泛开展，形成了乡村“村晚”、“大家唱”、广场舞等一系列群众文化活动品牌，参与人数屡创新高。2021 年，以庆祝中国共产党成立 100 周年为主题的“‘唱支山歌给党听’大家唱群众歌咏活动”参与人次超过 1. 77 亿；2022 年开展的全国“村晚”示范展示活动参与人次超过 1. 18 亿。据统计，截至 2021 年末，全国群众文化机构共有馆办文艺团体 9533 个，全年演出 11. 45 万场，观众达 5983. 52 万人次。由文化馆（站）指导的群众业余文艺团体达 45. 49 万个，比 2012 年增长了 50%。①

二　新发展阶段下我国公共文化服务体系建设的使命定位

“十四五”时期，我国进入新发展阶段。随着经济社会发展水平的稳步提高，人民群众对美好生活的需要日益显现，对更高水准、更高品质文化生活的需求日趋增加，这使得现有公共文化产品和服务供需之间的结构性矛盾更加突出，低端供给和无效供给的问题也日益凸显。《中华人民共和国国民经济和社会发展第十四个五年规划和 2023 年远景目标纲要》明确将社会主义文化强国建设列为 2035 年重要远景目标之一。站在新的历史方位和历史起点上，展望文化强国建设远景目标，推动公共文化服务体系迈向更广空间、更深层次、更高水平的高质量发展的任务已经十分迫切，公共文化服务体系建设面临新的发展形势和使命定位。

传承中华优秀文化的主要阵地。五千多年文明历史所孕育的中华优秀传统文化，积淀着中华民族最深沉的精神追求，代表着中华民族独特的精神标识，是中华民族生生不息、发展壮大的丰厚滋养，是中国特色社会主义植根的文化沃土，是当代中国发展的突出优势，是我们在世界文化激荡中站稳脚

① 中华人民共和国文化和旅游部：《2021 年文化和旅游发展统计公报》。

跟的根基。在庆祝中国共产党成立100周年大会上的重要讲话中，习近平总书记提出“坚持把马克思主义基本原理同中国具体实际相结合、同中华优秀传统文化相结合”的重大命题，为新时代继续推进马克思主义中国化指明了方向和路径，开辟了马克思主义基本原理与中华优秀传统文化相结合的新境界。公共文化服务体系建设贴近群众生活，与人民呼吸与共、命运相连，理应在传承弘扬中华优秀传统文化方面拥有更大作为、做出更多贡献，成为中华优秀传统文化传承弘扬的最主要阵地。近年来，各级公共文化机构主动参与中华优秀传统文化传承弘扬工作，取得了耀眼的成绩，但同时需要进一步推动中华优秀传统文化创造性转化、创新性发展，让中华优秀传统文化与当代人民的精神需求、文化需求、消费需求以及开展文化创造的需求相连接，真正让中华优秀传统文化通过公共文化服务体系更好地传承弘扬下去，在现代生活中绽放出新的时代光彩。

保障人民文化权益的核心路径。文化权益作为一种重要基本权益，是与政治权益、经济权益平等的人民权益，关乎人的全面自由发展、社会文明与进步。保障人民文化权益，满足人民精神文化需求，让人民共享文化发展成果，是中国共产党为人民谋幸福的初心使命、全心全意为人民服务的根本宗旨以及以人民为中心的发展思想在文化领域的重要体现，是我国社会主义先进文化建设的根本出发点和落脚点，是《中华人民共和国宪法》和有关法律所做出的制度安排，也是新时代推进社会主义先进文化建设、更好满足人民对美好生活向往的必然要求，体现了我国社会主义文化制度的重要优越性。公共文化服务体系建设的目标宗旨就是保障人民基本文化权益，核心功能就是满足群众基本文化需求，重要目标就是满足人们对美好生活的新期待、增强人民群众的文化获得感和幸福感。通过十多年大力推进公共文化服务体系建设，人民群众的基本文化权益已经得到了初步保障，下一步更要将保障人民群众文化权益贯穿公共文化服务体系建设全过程、全领域，全方位保障人民群众享受文化成果、参与文化活动、参与文化事务管理、从事文化创作创造、进行文化选择以及文化成果受到保护等方面的权益，特别是要突出对弱势群体和广大农村地区群众文化权益的保障。

促进人民精神富有的关键力量。物质富足、精神富有是社会主义现代化的根本要求。习近平在党的二十大报告中深刻阐述了中国式现代化五个方面的中国特色，其中一个重要方面就是“物质文明和精神文明相协调的现代化”，强调精神状态的丰盈，突出思想的引领、文化的滋养、精神的支撑。在以中国式现代化全面推进中华民族伟大复兴的进程中，实现物质文明和精神文明均衡发展、相互促进，要求我们既要锚定高质量发展这个首要任务，不断厚植中国式现代化的物质基础，推动经济实现质的有效提升和量的合理增长，夯实人民幸福生活的物质条件，也要一以贯之抓好社会主义精神文明建设，大力发展社会主义先进文化，促进物的全面丰富和人的全面发展，让广大人民群众在精神上更加主动，让新时代中国发展进步的精神动力更加充沛。促进人民精神富有不能仅仅停留在口号上、理论上，而要办实事、讲实效，要紧紧围绕增进人民福祉来进行。这就需要以马克思主义基本理论为指导，以社会主义核心价值观为引领，以公共文化服务体系为关键力量，聚焦人们对精神文化生活的新需求、新期待，发展社会主义先进文化，促进人民精神生活共同富裕，推动人的全面发展和精神世界的日益丰盈，更好地构筑中国精神、中国价值、中国力量。

推动产业融合发展的重要平台。相较于物质消费，文化消费的增长无法一蹴而就，需要不断培育和引导。而普惠性和大众化的公共文化服务就是培育和激活居民文化消费的重要途径，尤其是在文化消费习惯养成和文化消费能力提升等方面具有明显优势。近年来，随着我国经济结构不断调整，社会力量参与和投入公共文化服务体系建设的积极性越来越高，作用也越来越突出，文化事业和文化产业协调发展的态势愈发明显。2018 年，为进一步统筹文化事业、文化产业发展和旅游资源开发，提高国家文化软实力和文化影响力，推动文化事业、文化产业和旅游业融合发展，党中央和国务院将原文化部、原国家旅游局的职责整合，组建了新的文化和旅游部，更是为文化与相关产业的融合发展提供了巨大机遇与无限可能。近几年，各类设计精致、形式新颖、类型多元、规模不一的新型公共文化空间不断涌现，成为城乡公共文化服务的新增长点和新亮点。新型公共文化空间不仅覆盖了公共文化服务的方方面面，提供各类多元化的公共文化服务，而且符合公众文化需求的新变化、新特点，满足了人民群众日益品质化的文化消费需求，同时不断超越传统公共文化服务的边界，进行服务模式、运营方式、产品业态、文旅融合等全方位的实践探索。新阶段公共文化服务体系建设，也应当进一步激活自身引导和培育居民文化消费习惯的内生动力，努力探索并成为引导和培育居民文化消费习惯、拉动文化内需的重要平台。

创新人类文明形态的不竭源泉。文化的根本作用是以文化人，对人进行塑造。文化的最大特质就是具有极强的渗透性、持久性，能以潜移默化的方式深刻作用于经济社会发展和人们的生活。公共文化服务有助于陶冶文化情操、净化思想灵魂、提升全民人文素养、促进人的全面发展，从而提高社会文明程度。在五千多年的漫长文明发展史中，中国人民创造了璀璨夺目的中华文明，为人类文明进步事业做出了重大贡献，新阶段更应当在传承中华文明的基础上，以更加敏锐的文明意识和强烈的历史自觉，在更为宏阔的文明视域中把握文化强国建设与中国道路、人类命运以及世界文明的关系，通过文化强国建设为创造人类文明新形态伟大实践提供有力支撑，通过创造人类文明新形态为文化强国建设翻开新篇章、书写新辉煌。这就要求公共文化服务体系建设在增强人民群众的文化获得感和幸福感的同时，更好地发挥以文化人的功用，凸显公共文化引领风尚、教育人民、服务社会、推动发展的作用，进一步提升社会文明程度，为推进中国式现代化、创造人类文明新形态提供有力的文化支撑和不竭的文化源泉。

三　新伟大征程上我国公共文化服务体系建设的发展方向

当前，我国已经迈上全面建设社会主义现代化国家新征程，正在向着第二个百年奋斗目标进军。经济社会的持续发展让公共文化服务体系再出发站到了更高的起点上，挑战与机遇同在，压力与动力并存。必须乘势而上，把握公共文化服务发展的历史新机遇，认清面临的挑战和困难，精准施策，补齐短板，系统推进，推动公共文化服务体系转型升级、高质量发展。

推动公共文化服务均衡发展。均衡发展是公共文化服务高质量发展的基础，是公共文化服务领域补短板、强弱项的主攻方向，事关人民群众文化共同富裕，事关城市乡村、不同区域、各类群体的精神富有与力量凝聚。实现公共文化服务均衡发展，就要进一步提升公共文化服务普遍均等、惠及全民的水平，在公共文化服务领域做到保基本、兜底线、促公平，特别需要在城乡一体、区域协调、群体均衡上下功夫。第一，要推动公共文化服务城乡一体化发展。目前，公共文化资源和供给较多地集中在城市地区，而广大农村地区资源总体较少、供给相对薄弱。因此，需要把推进城乡公共文化服务体系一体化建设作为当前公共文化服务体系建设的首要任务，进一步推动体系建设城乡一体、文化资源城乡共享、服务供给以城带乡。第二，要推动公共文化服务区域协调发展。我国幅员辽阔，各地经济社会发展水平不尽相同，各级政府对公共文化服务的重视程度、支持力度也不一样，各地在文化资源配置、文化人才培养、文化经费投入、文化权益保障等方面都存在显著差异。要保证不同地区人民群众普遍享有基本公共文化、基本文化权益得到更好保障，就需要在进一步明确中央和地方事权关系的基础上，加大中央财政的转移支付力度，增加对广大欠发达地区的公共文化投入，推动不同区域间公共文化服务协调发展。第三，要推动公共文化服务群体均衡发展。现有公共文化服务主要针对普通人群，针对特殊群体如老年人、青少年、农民工、残障人士、留守妇女儿童等的服务则比较缺乏。虽然近年来国家和各地都下大力气向特殊群体提供专门的公共文化服务，如举办文化类老年大学、建设盲文图书馆、开展青少年艺术普及教育活动等，但是与特殊群体十分旺盛而又多样化的文化需求相比，仍然总量不足、供给短缺，如文化类老年大学“一课难求”的状况多有发生，因此需要进一步加大不同群体公共文化服务供给力度，进一步提升群体间的均衡水平。

推动公共文化服务品质发展。品质发展是公共文化服务高质量发展的核心内容，事关公共文化服务的专业、优质、特色，影响人民群众对公共文化服务的知晓度、满意度、参与率。“当前我国公共文化服务建设在某些层面和某种程度上业已呈现出‘内卷化’趋向，主要表现为供给侧供给的低水平重复、消费侧公众的低度参与和公共文化服务效能的低绩效徘徊。”① 这就需要以品质发展为突破口，推动公共文化服务供需对接与效能提升。第一，要推动公共文化服务更加专业优质。免费、优惠、普惠的基本公共文化服务不等于低端甚至劣质的公共文化服务。随着人们文化水平和艺术修养的不断提升，特别是文化产品供给方式和供给渠道的日趋多元，公共文化服务体系建设面临新的挑战，需要努力提升专业化水平，引入专业化力量，提供更为优质的服务。第二，要推动公共文化服务更加丰富多元。随着经济社会的快速发展，文化消费市场的分众化发展趋势越来越明显，经济水平、受教育程度、年龄结构、文化背景等层面的巨大差异，使得原有的读书、看报、听广播等传统、单一、同质化的公共文化服务已远远不能满足不同人群的不同需求，需要进一步丰富服务供给，提供更加多元的产品。第三，要推动公共文化服务供给更加精准对路。有了专业优质、丰富多元的公共文化服务供给，还需要将供给与需求更好地对接起来，进一步了解掌握不同人群的公共文化服务需求，打通公共文化服务的“最后一公里”，将“适销对路”的优质公共文化服务更为准确地提供给相应人群。

推动公共文化服务融合发展。融合发展是公共文化服务高质量发展的重要保障，事关公共文化资源优化配置，有助于提高公共文化资源的综合效益，打破公共文化资源“孤岛现象”，更好地发挥公共文化服务对文化消费的综合带动作用。第一，要推动公共文化服务机构功能融合。这不仅包括实现文化馆、图书馆、博物馆、美术馆等公共文化服务机构之间跨行业、跨服务的功能联合，而且包括推进公共文化服务机构和旅游公共服务机构功能深度整合，还包括着力推动公共文化服务机构与卫生、教育、科普、民政等其他领域公共服务机构的跨界融合。如何建立更具开放性、包容性、融合性、体系性的体制机制和发展格局，是公共文化服务体系建设

① 陈庚、豆慧峰：《公共文化服务的内卷化困境及其破解之道》，《同济大学学报》（社会科学版）2022 年第 5 期。

接下来需要关注的突出问题。第二，要推动公共文化空间融合。针对公共文化资源“孤岛现象”，不仅需要增强文化和旅游系统内公共文化服务机构、场馆、活动的融合发展，而且需要让公共文化服务通过与其他渠道的融合，进一步走进民众日常生活，更便利有效地为民众服务。这就重点涉及公共文化空间与其他空间场景的融合发展。一方面，需要结合公共文化服务设施新建和改造提升，按照“品质化、景点化、网红化”目标，将相关文化消费内容引入公共文化服务设施，打造公共文化服务新场景，推进公共文化服务设施提档升级；另一方面，需要推动公共文化空间嵌入城市街区和大型商业综合体，融入民众日常生活场景。第三，要推动公共文化服务与相关产业融合。以往的公共文化服务主要关注点为提供基本、普惠、均等的服务，但是到了追求高质量发展的新阶段，人民群众的精神文化需求已经向多领域、多层次转化，这就为更多非基本、多样化的公共文化服务提供了发展空间。推动公共文化服务与文化产业、体育产业、教育产业等相关民生产业的协同并进、适度融合，并提供适当的收费优惠，由受益者个人负担部分服务成本，不仅可以进一步拓宽基本公共文化资金来源渠道、扩大多元供给，而且可以激发公共文化服务机构和社会运营主体创新活力、丰富服务内容、提高服务质量，促进和体现更高层次的社会公平正义，更能带动相关产业的蓬勃发展。

推动公共文化服务特色发展。特色发展是公共文化服务高质量发展的重要支撑。文化具有明显的地域特性、民族特征，不同地区、不同民族有独特的属于本地区、本民族的历史传承和文化资源。我国各省份、各民族地区在经济发展、文化积淀等方面具有很强的差异性。在前一阶段的公共文化服务体系建设中，各地结合自身实际情况和发展战略需要，在国家基本指导标准的基础上，结合本地群众需求与地方经济文化发展实际，在特色发展方面进行了一些探索，如内蒙古的乌兰牧骑、浙江的文化礼堂、广西的“壮族三月三”，都是各地挖掘地方特色、民族特色并将其融入公共文化服务的很好做法。但是总体来看，各地对公共文化服务特色发展的认识和推动还不够，具有地方特色、民族特色的文化资源与公共文化服务体系的结合还不够紧密。下一步应当大力推动公共文化服务凸显地方特色、民族特色，在国家标准的基础上，提炼、充实、增设彰显地方、民族文化特色的内容、项目和活动，体现出基本公共文化服务的地域性、多样性和特色化，与本地居民迫切需求和在地文化特征相对接。要进一步挖掘地区和民族的各类文化和旅游资源，特别是非物质文化遗产资源，使之更好地转化、融入公共文化服务供给，实现特色文化资源创造性转化与促进文化民生福祉的有效对接。此外，公共文化服务作为一项“取之于民、用之于民”的文化事业，也应成为一个区域地方文化的标志性符号。因此，各地的公共文化服务还应注重形成并持续发展特色品牌。挖掘在地文化资源，持续深耕群众文化需求，打造地方公共文化服务品牌，才能持续提升人民群众的参与感、获得感、幸福感，让公共文化服务切实走进人民生活。

推动公共文化服务数字发展。数字发展是公共文化服务高质量发展的重要动能，事关公共文化服务的长远未来，有助于进一步提升公共文化服务的数字化、网络化、智能化水平。当今数字信息技术已经广泛深入经济社会各个领域，与人民群众日常生活密切相关，文化领域也不例外。数字化途径已经成为拓展公共文化服务范围的有力手段，并且随着文化产品的日益丰富以及文化传播手段的日益多元，为公共文化服务体系建设带来了新的机遇。比如，目前抖音平台上音乐、舞蹈、影视、建筑、书法、戏由、雕塑、绘画八大艺术门类的短视频已超过 2. 8 亿条，累计播放量为 1. 5 万亿次，累计点赞数为 490 亿次，累计评论为 26 亿条。推动公共文化服务高质量发展，必须充分重视数字科技的力量，拓展互联网环境下公共文化服务新阵地、新平台。第一，推动公共文化数字资源体系建设。加强图书馆、文化馆、博物馆、专业院团等文化部门的数字资源建设，实现数字资源整合和服务“云融合”。第二，推动公共数字文化服务平台体系建设。目前，各级数字文化馆、数字图书馆、数字博物馆、数字美术馆尚未形成基于互联互通的服务功能整合融合，“平台孤岛”“数据鸿沟”普遍存在，文化活动信息整合发布机制缺失，平台信息更新不及时。下一步需要进一步推进公共数字文化服务平台体系建设，打通国家“文化云”、数字图书馆与县（市、区）“地方云”以及其他公共文化“机构云”的“云共享”，优化资源互通渠道，实现开放共享、互联互通，最大限度地提升公共文化服务效能。第三，推动公共文化智慧服务体系建设。目前，丰富的数字资源和活动信息主要依托多样化的数字传播手段传递出去，在服务需求智能收集、服务内容智能定制、服务时间空间智能安排、服务项目个性化推送等方面尚未形成有力技术支持，“一站式”服务整合不够。下一步需要进一步加强整合，实现需求网上收集、内容网上定制、活动网上预约、场地网上预定、效能网上评估，线上线下有机结合，并逐步形成个性化精准推送，不断提升公共文化智能化服务水平。

理论思考

高质量推进基层公共文化服务体系建设的路径对策思考

毕绪龙*

摘　要： 加强基层公共文化服务体系建设是解决公共文化服务领域不平衡、不充分发展的重心和关键。学习贯彻党的二十大精神，高质量推进基层公共文化服务体系建设，应坚持以社会主义核心价值观为引领，充分适应群众文化需求增长、数字化科技变革、文化消费模式变迁等新形势、新情况，以创新发展为内生动力，明确高质量发展理念和路径，巩固价值导向主阵地，深化供给侧结构性改革，突出加强基层公共数字文化建设，推动公共文化服务和旅游融合发展，加强基层文化队伍建设，以高质量产品和服务供给满足人民群众基本文化需求和美好生活需要。

关键词： 公共文化服务体系　高质量发展　文化资源

* 毕绪龙，文学博士，经济学博士后，中央文化和旅游管理干部学院研究员，党委办公室主任，文化和旅游部优秀专家，主要研究方向为文化改革与发展、公共文化服务、文化产业理论与实践、文化和旅游融合发展等。

高质量推进基层公共文化服务体系建设是公共文化服务均等化发展的客观要求，是促进公共文化服务平衡、充分发展和高质量发展的重心和关键，是建设社会主义文化强国的重要基础。党的二十大报告提出，“健全现代公共文化服务体系，创新实施文化惠民工程”。党的十九届五中全会把文化建设摆在突出位置，对提升公共文化服务水平做出战略部署。《“十四五”文化和旅游发展规划》提出，“坚持政府主导、社会参与、重心下移、共建共享，优化城乡文化资源配置”，“不断完善覆盖城乡、便捷高效、保基本、促公平的现代公共文化服务体系”。《“十四五”公共文化服务体系建设规划》提出“推进城乡公共文化服务体系一体建设”，为高质量推进基层公共文化服务体系建设指明了方向、提供了遵循。“十四五”时期，基层公共文化服务体系建设要以弘扬社会主义核心价值观为引领，充分适应群众文化需求增长、数字化科技变革、文化消费模式变迁等新形势、新情况，以创新发展为内生动力，激发基层公共文化服务活力，以高质量产品和服务供给满足人民群众基本文化需求和美好生活需要。

一　巩固以社会主义核心价值观为引领的价值导向主阵地

社会主义核心价值观是当代中国精神的集中体现，凝结着全体人民共同的价值追求。党的二十大报告强调，社会主义核心价值观是凝聚人心、汇聚民力的强大力量，坚持依法治国和以德治国相结合，把社会主义核心价值观融入法治建设、融入社会发展、融入日常生活。公共文化服务领域是坚持正确政治方向和文化方向、弘扬践行社会主义核心价值观的主阵地。基层公共文化服务离人民群众最近，与县（市）、乡镇（街道）、村（社区）群众接触最密切，直接服务基层群众精神文化生活，更应该发挥弘扬社会主义核心价值观、凝聚人民精神力量的基础性作用，不断推进文化自信自强，在“举旗帜、聚民心、育新人、兴文化、展形象”职责使命中发挥重要作用。“十四五”时期，在以社会主义核心价值观引领文化建设的制度建设中，在推进公共文化服务高质量发展中，基层公共文化服务体系建设的首要任务是巩固以社会主义核心价值观为引领的价值导向主阵地。

一是要明确阵地建设的具体路径。习近平总书记强调要通过教育引导、舆论宣传、文化熏陶、实践养成、制度保障等，使社会主义核心价值观内化为人们的精神追求，外化为人们的自觉行动。① 党的十九大报告提出，要以培养担当民族复兴大任的时代新人为着眼点，强化教育引导、实践养成、制度保障，发挥社会主义核心价值观对国民教育、精神文明创建、精神文化产品创作生产传播的引领作用，把社会主义核心价值观融入社会发展各方面，转化为人们的情感认同和行为习惯。这就明确提出了弘扬践行社会主义核心价值观的具体路径。基层公共文化服务体系建设只有遵循这样的具体路径，才能解决“怎么做”“系统做”“持久做”的问题，才能在本领域贯彻落实好这一首要任务。

二是要结合基层实际探索创新。中国精神的继承弘扬和价值观念的深入人心，决不能停留在标语宣传和浅尝辄止上，关键在于融入公共文化服务的全过程、各方面。要紧紧围绕习近平总书记强调的“宣传思想工作创新，重点要抓好理念创新、手段创新、基层工作创新”“把创新的重心放在基层一线”②，充分运用好融入群众日常生活的文化宣传、群艺精品、群文活动，把社会主义核心价值观生动活泼、活灵活现地体现在基层公共文化服务之中，告诉人们什么是应该肯定和赞扬的、什么是必须反对和否定的，做到春风化雨、润物无声，从而提升公共文化服务品质和水平，让人民享有更加充实、更为丰富、更高质量的精神文化生活，增强人们的文化获得感、幸福感，凝聚巨大精神力量，为建设社会主义文化强国奠定基础。

二　深化基层公共文化服务供给侧结构性改革

中国特色社会主义进入新时代，社会主要矛盾转化为人民日益增长的美

① 习近平：《论党的宣传思想工作》，中央文献出版社，2020。
② 习近平：《论党的宣传思想工作》，中央文献出版社，2020。

好生活需要和不平衡、不充分的发展之间的矛盾。公共文化服务领域的不平衡、不充分发展主要表现在基层，城乡不均衡、地区不均衡、人群不均衡的短板和弱项也在基层。在推进国家治理体系和治理能力现代化背景下，深化公共文化服务领域供给侧结构性改革，加强基层公共文化服务供给及促进其质量提升，成为"十四五"时期公共文化服务高质量发展的主线，这对提升基层公共文化服务水平至关重要。习近平指出，"高质量发展，就是从'有没有'转向'好不好'"，"不平衡不充分的发展就是发展质量不高的表现"①。"十四五"时期，要坚持以供给侧结构性改革为主线，以均等化为目标，发挥政府、市场和社会的力量，补齐基层在资源、人才、技术等方面的短板，形成有力的、综合多元的基层公共文化服务供给体系。具体而言，应做到以下"三个倾斜"。

一是在优化配置文化资源上向基层倾斜。首先，要在盘活存量资源方面进行结构优化，打通向基层输送文化资源的"最后一公里"。近年来，县级图书馆、文化馆总分馆制在打破"孤岛现象"、形成网络化向基层配置资源方面的作用日益凸显，但在激活镇街、村居"神经末梢"方面的作用发挥还不够，特别是助力乡村文化振兴的作用仍需继续加强。其次，要在扩大增量方面下功夫，着力培育内生性文化资源。基层蕴藏着丰富的文化资源，民间积淀着人民群众的创造性，乡村储蓄着宝贵的文化传统。正确引导基层群众、乡村和社区相关团队、机构以及社会力量，结合基层社会治理进一步提高组织化程度，支持并推进群众文化自我组织、自我教育、自我管理，构建基层内生性公共文化服务机制，真正激发基层群众文化活力，是有效扩大基层文化资源配置增量的有效路径。

二是在社会力量参与上向基层倾斜。我国的公共文化服务本质上是政府主导、社会力量充分参与的社会文化服务。从文化治理体系和治理能力现代化的维度上来说，社会力量的充分参与对基层公共文化服务体系建设十分必要，对丰富、优化配置基层公共文化资源更为重要。"十四五"时期，应深

① 《习近平谈治国理政》（第三卷），外文出版社，2020。

入总结社会力量参与公共文化服务的经验做法、模式案例、制度政策，探索并加以推广，支持社会力量在基层公共文化服务的人力资源、物力资源、产品服务资源等方面的充分参与。积极推进基层公共文化机构和新时代文明实践中心融合发展，形成互为补充、相辅相成的工作合力。要把政府向社会力量购买公共文化服务与培育文化类社会团体和组织有机结合，培育扶持一批激发基层文化活力的“文化干细胞”，使其成为本乡本土的文化有生力量。要依法依规、因地制宜，开展委托相关社会组织管理运营基层公共文化设施的工作。总之，通过多种方式支持社会力量参与，并逐步提高公共文化服务质量和水平。

三是在引导支持群众创新创造文化活动上向基层倾斜。中国文化市场的持久发展既积累了丰富多样的创新性文化产品，又随着科技赋能文化生产、传播的深入不断创造新型文化业态。基层公共文化服务体系建设特别是公共文化产品和服务的供给不能采取封闭性、自娱自乐的方式，而是要努力保持与市场文化产品的消费、传播、服务等习惯、方式及场景的同步，并及时让基层群众接触、体验和参与，充分享有新的优秀文化成果。要采取得力措施，引导基层群众自发组织文艺团体，发展民间新兴文化娱乐，在设施设备改善、专业技术指导、竞赛联谊组织等方面给予支持。

三　突出加强基层公共数字文化建设

党的二十大报告提出“实施国家文化数字化战略，健全现代公共文化服务体系”。随着数字化科技革命带来的文化创新以及文化消费新业态、新模式、新产品不断涌现，原来的公共文化产品和服务的供给内容、供给方式、供给渠道等已无法适应，亟须与时俱进优化调整。从数字化发展及其塑造的文化消费趋势来看，公共文化产品和服务应不断满足群众基本文化需求，最重要的是符合新的文化消费趋向、消费习惯和消费心理，构建现代化公共文化服务新格局。同时，在新型城镇化建设、乡村振兴战略实施过程中，新时代农民群体结构不断变化、新型农民阶层逐步形成，其数字化消费远远没有达到峰值。实施国家文化数字化战略，应突出加强基层公共数字文化建设，适应群众、吸引群众，充分发挥公共数字文化引领风尚、教育人民、服务社会、推动发展的作用。“十四五”时期，基层公共数字文化建设应做到以下“三个着力”。

一是在管理层面着力建设基层公共文化机构大数据管理服务系统。我国正从数字化、网络化时代向智能化时代跨越。结合国家文化数字化战略的实施，高质量推进基层公共文化服务体系建设，需要在组织架构、管理体系、方式流程等方面进行系统性重塑，充分发挥大数据在统计分析情况、反馈群众需求、评估服务效能和加强日常监管方面的科技支撑作用。

二是在服务层面着力推进各级公共文化机构线上服务新业务。面对网络直播、短视频、社交网络平台等互联网文旅消费渠道的迅速发展，基层公共文化服务体系建设不能无动于衷，要提高向社会学习、向互联网新业态学习的积极性和紧迫性，努力丰富公共文化传播方式和服务方式，提升运用新媒体传播公共文化微视频、开发艺术慕课、开展“云上”群文活动的能力和向基层提供新型公共数字资源的能力，全面连接群众的精神文化生活。

三是着力构建基层线上与线下相结合的公共文化发展新格局。增强实体阵地的数字化文化体验，结合县级融媒体建设，充分利用基层、民间、乡村的特色文化资源和特色文艺活动，拓展街镇、村居的公共文化数字化场景。推进有条件的县级文化机构建设智慧图书馆、智慧文化馆，使之成为互动型的全民阅读以及居民终生美育的学校和基地。拓展线上公共文化服务新阵地，增强线上公共文化引导力、吸引力和品牌力，使其真正融入基层群众日常生活，引领基层群众健康文化生活。

四　推动基层公共文化服务和旅游融合发展

随着各地不断开展实践探索，公共文化服务和旅游的结合点、发力点、创新点将更加凸显，文化和旅游公共资源共建共享、渠道资源互联互通、体制机制有统有合的局面有望形成，有利于大幅提升整体服务质量。只有与群众物质文化生活需求满足和改善真正结合起来，基层公共文化服务的效能才能得以切实发挥。在机构改革以及文化和旅游融合发展背景下，在相关政策引导和支持下，一批贫困村的“带头人”把群众文化活动、非物质文化遗产传承、地方土特产电商销售等结合起来，建设乡村戏台，创办文创企业，美化村庄环境，打造美丽乡村旅游打卡地，在丰富村民文化生活的同时带动村民致富，为基层公共文化服务和旅游融合发展做出了示范，体现出基层创新动力和创新活力。

“十四五”时期，在进行基层公共文化服务建设时首先要从顶层设计方面给予公共文化服务和旅游更符合时代要求的定位，从而指导高质量发展。同时，机制创新难度最大，各级文化和旅游机构资源整合融合能力不一，难以将公共文化服务和旅游纳入社会服务范围，下一阶段的重点是如何理顺关系，实现优势互补，形成新的发展格局。其次要抓住城市更新和乡村振兴的政策契机，着力拓展基层文化设施的旅游服务功能。既要重视设施更新，更要着重于功能再造，把空间布局与现实发展有机结合，塑造开放共享的新型公共文化空间。最后要积极引导基层公共文化进景区、进旅游目的地，增强基层公共服务内容的故事化、场景化、艺术化，充分发挥以文塑旅、以旅彰文的作用，促进基层群众精神文化生活水平提升。

五　创新思路加强基层文化队伍建设

长期以来，基层文化队伍少、散、弱是制约基层公共文化服务体系建设的短板。这既有历史的原因，也有现实的原因。随着我国事业单位改革的不断深入，依靠增加财政投入和扩大编制来改善基层公共文化队伍状况已不符合改革发展的方向。基层文化队伍建设必须在有限财政、有限编制情况下创新思路，利用好基层社会力量资源壮大文化队伍。“十三五”以来，基层公共文化服务领域借鉴其他领域经验做法，结合基层社会治理和改革，积极探索创新，涌现了为基层购买公益性岗位、发展壮大文化志愿服务队伍、培育乡村文化能人等经验和办法措施，对强化基层文化队伍建设发挥了积极作用。

“十四五”时期仍需要创新思路，结合基层乡村的新情况、新变化，创新壮大基层文化队伍的持续性发展思路和路径。一是紧密结合乡村振兴战略和乡村文明建设，提高基层乡村群众文化力量的组织化程度。遵循群众依法依规开展自我组织、自我发展、自我教育、自我服务、自我管理的原则，加大对基层群众业余文艺团体、文化大院、文化户等的实际支持力度，使基层群众文化骨干和优秀文艺团体组织成为基层文化队伍的有效补充。二是顺应公益事业、志愿服务发展新趋势，促进形成基层文化志愿服务新群体。推动基层公共文化机构和新时代文明实践中心志愿服务融合发展，调动从本土本乡走出去的知识分子、退休干部、退休教师和乡村文化能人等各界人士形成“文化新乡贤”志愿服务群体，积极参与基层公共文化机构管理服务。三是积极探索社会组织受委托经营管理基层公共文化机构的方式方法，建设多方参与、融入群众、乡情浓厚、服务桑梓的基层文化队伍。

公共文化服务与旅游公共服务融合发展路径模式

袁　航*

摘　要： 文化和旅游深度融合发展是当前文化和旅游工作的首要命题与重点任务，公共文化服务和旅游公共服务的融合发展更是其中一个重要维度和关键环节。本报告通过对公共文化服务和旅游公共服务相关概念和内涵的梳理，以及对二者融合发展过程中相关实践经验的总结，归纳出公共文化服务和旅游公共服务融合发展的4种主要路径模式，同时提出了进一步推进公共文化服务和旅游公共服务融合发展的思考和建议。

关键词： 公共文化服务　旅游公共服务　融合发展　路径模式

当前，文化和旅游深度融合发展成为新时代文化和旅游工作的首要命题与重点任务。按照“文化是旅游的灵魂、旅游是文化的载体”的思路定位，以及“能融则融、宜融尽融”的原则导向，文化事业、文化产业和旅游业的各个领域、各类主体、各种要素，进行了多方位、全链条的深度对接，在资源共享、优势互补、协同并进、融合发展方面进行了各种有益探索。

构建服务型政府，是当前国际、国内普遍达成的理念共识与正在进行的实践转向。在这一大背景下，公共文化服务和旅游公共服务的融合发展作为

---

* 袁航，硕士，中央文化和旅游管理干部学院助理研究员，主要研究方向为文化和旅游改革发展宏观政策等。

文化和旅游融合的一个重要维度和关键环节，又具有了新的不同意蕴。可以说，这一维度的融合，不仅事关文化和旅游行政部门工作职责领域的划定，而且在某种程度上已经成为文化和旅游其他领域融合的先在条件，是在合理划定文化和旅游领域政府、市场、社会三方关系，对文化和旅游事业、产业进行有效分类治理时，必须予以关注和思考的先在问题。因此，对公共文化服务和旅游公共服务融合发展的相关概念、内涵、实践路径模式进行全面分析梳理尤为必要，有助于找到二者融合发展的“最大公约数”和“最佳连接点”，发现融合过程中存在的一些共性问题，进一步推动相关工作。

一　公共文化服务和旅游公共服务融合发展的相关概念、内涵

总体来看，公共文化服务和旅游公共服务同属公共服务范畴，都是政府和其他社会组织、经济组织为了满足群众在相关领域的基本需求而提供的，主要由公共财政支持的具有基础性和公益性的公共产品与服务。但具体来看，二者既有相似性，也有差异性，并且在融合发展的过程中发生了“化学反应”，萌生出新的服务概念、内涵和相应的服务内容。

（一）公共文化服务

《中华人民共和国公共文化服务保障法》对“公共文化服务”做出了明确界定，即“由政府主导、社会力量参与，以满足公民基本文化需求为主要目的而提供的公共文化设施、文化产品、文化活动以及其他相关服务”①，从法律层面明确了公共文化服务的责任主体、服务目的和提供内容。

从具体服务内容和指标看，2011 年党的十七届六中全会提出基本公共文化服务的“五大任务”（看电视、听广播、读书看报、进行公共文化鉴赏、参与公共文化活动）。2015 年中共中央办公厅、国务院办公厅印发《国

① 《中华人民共和国公共文化服务保障法》第二条。

家基本公共文化服务指导标准（2015—2020 年）》，将基本公共文化服务调整为三大类（基本服务项目、硬件设施、人员配备）共 14 项（读书看报、收听广播、观看电视、观赏电影、送地方戏、设施开放、文体活动；文化设施、广电设施、体育设施、流动设施、辅助设施；人员编制、业务培训）。可以看出，对于我国基本公共文化服务的内容、种类和标准指标体系，社会各方面已经基本达成共识并处于不断完善的过程之中。

（二）旅游公共服务

关于旅游公共服务，目前在法律层面还没有专门的明确概念界定，仅在相关具体事项层面有所要求。《中华人民共和国旅游法》提出“完善旅游公共服务”，其中指涉的旅游公共服务事项主要包括建立旅游公共信息和咨询平台、设置旅游咨询中心、设置旅游指示标识、建立游客中转站、建立旅游突发事件应对机制等。① 而现行相关政策层面关于旅游公共服务的表述也不尽相同。2010 年 12 月出台的《中国旅游公共服务“十二五”专项规划》和 2012 年 6 月原国家旅游局办公室印发的《关于进一步做好旅游公共服务工作的意见》，提出旅游公共服务包括旅游公共信息服务、旅游安全保障服务、旅游交通便捷服务、旅游惠民便民服务、旅游行政服务等五大类。2016 年 12 月原国家旅游局印发《“十三五”全国旅游公共服务规划》，所提到的旅游公共服务包括旅游公共服务基础设施、旅游信息咨询、旅游交通集散、“厕所革命”、旅游便民惠民、旅游安全保障等，旅游公共服务基础设施、“厕所革命”被新纳入旅游公共服务范畴。2018 年 3 月国务院办公厅印发的《关于促进全域旅游发展的指导意见》中关于公共服务提供方面，要求提高城乡公厕管理维护水平，因地制宜推进农村“厕所革命”；完善综合交通运输体系，构建畅达便捷交通网络；完善集散咨询服务体系，规范完善旅游引导标识系统等。2019 年 6 月文化和旅游部发布的《国家全域旅游示范区验收标准（试行）》中关于旅游公共服务则提出了外部交通、公路服务区、

① 《中华人民共和国旅游法》第三条、第二十六条、第七十八条。

旅游集散中心、内部交通、停车场、旅游交通服务、旅游标识系统、游客服务中心、旅游厕所、智慧旅游等 10 个方面的内容，要求“旅游公共服务体系健全，厕所、停车场、旅游集散中心、咨询服务中心、智慧旅游平台、安全救援、自驾游、自助游等设施完善、运行有效”。

从现有政策和研究情况可以发现，目前政府和学界在旅游公共服务的概念界定上基本能够达成共识，即旅游公共服务是指由政府或其他社会组织提供的，以满足游客共同需求为核心，不以营利为目的，具有明显公共性的产品和服务的总称。但同时，对于旅游公共服务的具体内容指涉，各方还存在认知差异，这种差异主要产生于旅游公共服务与一般旅游服务（非公共性旅游服务）的区分，以及旅游公共服务与其他基础公共服务的划分上，如旅游交通服务、旅游公共环境等相关服务内容就常常是争论的焦点。排除一些具体细分层面的争议，综合考虑社会实践度、政府认可度、学界接受度，可以将目前我国旅游公共服务主要涉及内容归纳为 5 个方面：一是旅游公共服务基础设施，如公共景观、旅游厕所、游客集散中心、旅游指示标识等；二是旅游公共信息服务，如旅游咨询服务、网络信息服务、旅游导讲服务等；三是旅游便民惠民服务，如面向公众的旅游消费优惠卡/券、旅游年票套票、特殊群体优惠等；四是旅游安全保障服务，如旅游安全监测、旅游应急值守和救援服务等；五是旅游交通便捷服务，如旅游观光巴士、旅游交通一卡通、景区停车场等。这些方面虽然能够基本涵盖当前发展时期我国旅游公共服务的主体内容，但是在具体细分以及对相关标准和指标的认定方面，国家层面还远未达成共识。

（三）文化和旅游公共服务

“文化和旅游公共服务”是 2018 年 4 月文化和旅游部组建后才出现的新的概念。文化和旅游部“三定”方案中，一方面将“推进国家公共文化服务体系建设和旅游公共服务建设”明确为文化和旅游部的主要职责之一，另一方面在司局职责中明确“公共服务司负责拟订文化和旅游公共服务标准并监督实施”。部分研究者吸收了这一提法，各级文化和旅游行政主管部门在一些公开场合也会根据实际情况交替使用。从目前来看，这一提法不够严格和规范，使用者并未给出明确的概念界定，在不同场合使用时往往有不同所指：有时指代原有公共文化服务和旅游公共服务的简单集合，有时指代公共文化服务和旅游公共服务协同发展过程中出现的相关服务内容和服务形式，有时还指代文化和旅游深度融合背景下公共文化服务进入旅游相关领域，以及旅游公共服务经文化要素赋能后出现的新服务领域和形态。但从长期来看，这一提法将在公共文化服务和旅游公共服务融合发展的实践推动之下，逐步取代原有的公共文化服务和旅游公共服务概念，生成并具备更加统一完善、更为规范准确的意蕴内涵。

二　公共文化服务和旅游公共服务融合发展的主要路径模式

文化和旅游部组建以来，各级文化和旅游行政部门以及各类社会主体贯彻落实党和国家机构改革决策部署，坚持优化、协同、高效原则，坚持宜融则融、能融尽融，凝聚思想共识，探索有效路径，文化和旅游“1+1>2”的发展优势凸显，成效初现。具体到公共文化服务和旅游公共服务，也在各个领域、层面和环节进行了丰富的探索尝试。对目前出现的实践经验进行分析梳理，可以归纳出以下 4 种主要的融合发展路径模式。

（一）公共文化服务和旅游公共服务协同推进

一是公共文化服务设施与旅游公共服务设施统一规划、建设、服务。将二者放在同一服务半径中进行规划，置于同一规范标准下进行建设，分布在同一平台上开展服务，包括建设、改造、提升一批文化和旅游综合服务设施，推动公共文化设施和旅游景区设施同标准规划、建设和管理，发挥文化服务设施综合服务作用，兼顾游客服务功能，推动旅游服务设施增设文化服务功能等。比如在村一级，无论是村级综合性文化中心建设还是乡村旅游服务中心建设，对于不少地方来说，还存在客观困难，特别是土地、人员、资金等方面的紧缺，短时间内无法得到有效解决。在协同推进模式下，二者统一规划建设并投入服务，将彼此的存量资源转化为相互的增量资源，达到了一种双赢局面。

二是文化惠民服务项目和旅游惠民服务项目统筹实施。如对文化惠民卡、旅游消费优惠卡/券、旅游年票套票等进行整合；全民艺术普及、普法科普与文明旅游宣传整合；文化志愿服务与旅游志愿服务整合；旅游进社区惠民活动与原有文化进社区、艺术进社区惠民活动整合；等等。

三是大型群众性文化和旅游活动统筹开展。这一类型的活动，特别是一些具有明显地方性特色的大型群众性节庆活动，原本就兼具文化和旅游的双重属性，通过协同推进使相关活动资源和服务对象群体的整合变得更为直接顺畅。

总的来看，在这一路径模式中，公共文化服务和旅游公共服务作为两个同一层级的服务集合，在以政府为主导的外部力量推动下，统筹推进、同频共振，对自身原有的相关服务进行了整合。在这种行政主导、外部推动、协调整合的融合路径模式中，公共文化服务和旅游公共服务中原有的“亲缘性”最强的相似服务内容是这一融合过程的主要触发点。

（二）公共文化服务有机地融入旅游行业链条

一是公共文化机构服务咨询内容领域向旅游信息咨询拓展。公共文化机构作为信息咨询服务的提供主体之一，主动拓展其原有信息咨询服务范围，为公众及游客提供旅游信息的整合、咨询服务。如公共图书馆增加旅游信息咨询功能，有效提供景区、线路、交通、气象、海洋、安全、医疗急救等方面更为准确、专业的信息与服务，并与其日常咨询服务有机融合。此外，还有一些公共文化服务机构设置了专门的旅游服务点、进行旅游文创产品展销等，这也可以归入该路径。

二是公共文化服务设施的建筑设计和展呈资源向旅游公共景观服务延伸。公共文化服务设施特别是新建设施的景观化是当前的显著趋势，大到如天津滨海新区图书馆，小到如一些城市书房，都已经成为知名的“网红打卡地”，景观效应凸显。还有一些公共文化服务设施利用馆内展呈、数字技术等开展地方非遗资源展览、地方特色文化资源展览、地方特色文献展览等，实际上也都是将自身的文化服务资源转换成景观资源，为游客提供旅游公共景观服务。

三是公共文化服务特别是全民阅读服务入驻旅游行业链条各环节。如在游客聚集区引入影院、剧场、书店；在景区或旅游度假区设置公共文化机构分馆，提供公共文化服务；在机场、车站、酒店、民宿、景区、停车场、加油站、旅游商场等旅游行业链条的各个环节设置城市书房、农家书屋、流动借还设施、数字阅览设施，并开展阅读推广活动。

总的来看，在这一路径模式中，公共文化服务整体切入旅游公共服务乃至旅游行业全链条，与之产生连锁反应，延伸拓展了服务内容和服务领域。

（三）旅游公共服务经文化要素赋能提质升级①

一是在旅游公共服务设施修建、改造中，努力增加文化内涵、彰显地方文化特色。如旅游厕所在总体设计上结合地域文化特色，保持与景区环境和谐统一；在旅游公共交通工具的内外部进行主题文化设计及装饰，营造整体文化氛围。

二是通过创意设计提升旅游标识的审美趣味。如在标识设计中融入特色文化元素及绿色环保的理念，使无处不在的旅游标识成为地方文化、国家形象以及社会主义核心价值观弘扬的有效载体。可以将凝聚着艺术感和文化气息的旅游标识打造成文化品牌并进行宣传推广，扩大区域旅游影响力。

三是全面提升导讲人员的文化素养特别是地方特色文化素养。通过对导讲人员的培养、指导与培训，提升其基本文化素养和地方特色文化素养，以提供更好的、更有深度的、更具体验性的旅游导讲服务，使其真正成为游客深层次了解和体验地方优质文化旅游资源的合格向导和重要媒介。

① 李国新、李阳：《文化和旅游公共服务融合发展的思考》，《图书馆杂志》2019 年第 10 期。

总的来看，这一路径模式中，旅游公共服务全方位接受文化要素特别是地方特色文化要素的赋能，对自身服务特色、服务品质和服务品牌进行优化升级，但服务范围和服务类型其实并未产生太多变化。旅游目的地间同质化竞争引发的特色化发展追求是这一路径模式的内在动力。

（四）文化和旅游深度融合催生主客共享的新型文化和旅游公共服务①

相较于传统的公共文化服务和旅游公共服务，文化和旅游公共服务无论是从概念提出层面看，还是从实践工作层面看，都还是新兴事物。它肇始于文化和旅游融合的大背景之下，生发于公共文化服务和旅游公共服务融合的实践探索之中，无论是服务理念、服务领域、服务内容还是服务类型都有所不同。因为是新兴事物，所以这一路径模式并不十分成熟，这里仅列举实践效果比较突出的几个方面。

一是全域化构建文化和旅游公共服务场景空间。随着全域旅游理念的提出，旅游的全景化、高品质、全覆盖得到强调。旅游目的地文化元素无处不在、文化设施星罗棋布、文化活动随处可见、文化氛围笼罩全域，游客漫步其间时时处处能感受到文化的熏陶和滋润，这本身就是一种高质量的文化和旅游公共服务。如近年来成都市组织和推动“街头艺术表演”项目，其实就是此类服务的尝试，在开展公共文化服务的同时提供旅游公共景观服务，游客在享受旅游公共景观服务的同时，也经历了当地公共文化服务的“洗礼”。餐馆、酒吧、咖啡厅、画廊、街区、公园、学校等日常生活空间，经由居民与游客的主体性参与和劳作创造，成为能够提供文化和旅游公共景观服务、具有更为丰厚文化和旅游意蕴内涵的场景空间，居民与游客的二元关系在这种全域式的文化和旅游公共服务中消弭。

二是共享化打造文化和旅游公共服务活动内容。如北京市开展的“旅游进社区”活动中，就将文化研学作为一种同时服务于本地居民和外地游

① 金武刚等：《促进文旅融合发展的公共服务建设途径》，《图书与情报》2019 年第 4 期。

客的公共服务活动，把相关内容同时提供给社区居民和外来游客，让居民以游客的眼光重新审视身边的文化和旅游公共服务资源，让游客以居民的视角深度体验旅游目的地的特色文化生活。

三是智能化带来新的文化和旅游公共服务体验形式。无论是公共文化服务领域的公共数字文化服务，还是旅游公共服务领域的智慧旅游服务，都是基于物联网、云计算、大数据、人工智能等技术对相关服务资源进行高度整合、深度开发。文化和旅游智能服务就是基于相同技术基础和共同服务目标，对文化和旅游公共服务资源线上整合后进行全景展示、全程导览、个性化推荐，同时创新文化旅游资源展示方式，为服务对象提供多元化、个性化的沉浸式文化旅游体验，从而有效提升公共服务品质。

三　当前公共文化服务和旅游公共服务融合发展相关问题的思考

从公共文化服务和旅游公共服务的具体内容上来看，二者有交集、有联系，也有区别、有不同。如在公共服务基础设施、公共信息服务、惠民服务和活动等方面，公共文化服务和旅游公共服务就大有相互借力、互促共赢的空间。而在另外一些方面，如旅游安全保障、应急服务等，就很难看到它们与公共文化服务的有机融合点。当然，公共文化服务与旅游公共服务融合有的是直接的，但更多的是间接的，应建立在遵循规律、发挥专长、有机结合、相互促进的基础上，通过转变观念、拓宽思路去创新服务，而不能简化同一。总体来看，当前公共文化服务和旅游公共服务融合发展中还存在以下几方面的问题。

一是融合发展的认知理念亟须升级。一方面，对于相关概念、内涵和服务内容还需要进一步厘清、明确并细化、规范。特别是对于旅游公共服务的界定还须进一步确定，对于公共文化服务、旅游公共服务以及文化和旅游公共服务等相关概念的边界、相互关系还需要进行深入研究、有效引导。这既是政府部门合理确定事权关系的需要，也是服务理念更新、服务模式创新的基础。另一方面，也应当看到，这些概念都是对实践经验总结升华、对现实需求积极回应的产物，其内涵、指涉在不断发展演变，因此在认知理念上需要不断“升级系统”，避免故步自封、“画地为牢”，应努力超越简单的“加和”，努力实现“乘数”效应。

二是融合发展的路径模式有待拓展。应当看到，公共文化服务和旅游公共服务融合发展的模式是多元并存的，具体的路径也在不断涌现，这将是未来很长一段时间内的常态，因此应当以更为开放的视野、更为包容的心态去看待这一融合过程，去探索拓展更多可能的融合路径。

三是融合发展的主体内容还要明确。当前无论是公共文化服务，还是旅游公共服务，在研究和工作推进中，往往都会将服务本身和服务体系的构建混同。其实，服务本身对应的是“是什么”的问题，即需要提供哪些服务，以及这些服务的标准是什么；而服务体系对应的是“怎么办”的问题，即如何有效供给这些服务。因此在进行下一步研究探讨时，还必须注意明确区分服务融合发展与服务体系融合构建，应将其当作两个不同层级的问题来研究。

四是相关服务规范和指标还有待上升为国家层面的标准。关于公共文化服务，目前已经出台了统一的国家标准，而旅游公共服务标准大多只是部门行为、地方行为，因此在二者融合发展的过程中将旅游公共服务的相关标准上升为国家标准，或是结合全域旅游相关工作，出台新的文化和旅游公共服务国家标准，应当是下一步工作的重点之一。

公共文化服务高质量发展的新形势与新途径

姜　凯*

摘　要： 高质量发展是“十四五”时期和未来一个时期公共文化服务的重要方向和中心环节。要充分认识和理解公共文化服务高质量发展在服务内容更加优质、服务体系更加健全、服务方式更加高效、服务效果更加公平等方面的深刻意涵，处理好公共文化服务高质量发展过程中的点面关系、上下关系、城乡关系、虚实关系，努力探索实现公共文化服务高质量发展的新途径。

关键词： 公共文化服务　高质量发展　服务效能

2021年3月，文化和旅游部、国家发展改革委、财政部共同印发《关于推动公共文化服务高质量发展的意见》，提出了公共文化服务高质量发展的总体要求、主要任务和保障措施。4月，文化和旅游部印发的《“十四五”文化和旅游发展规划》中明确了健全现代公共文化服务体系的任务目标。高质量发展成为当前和今后公共文化服务发展的重要方向和中心环节。

一　高质量发展是公共文化服务的锚定物

文化事业的发展是与经济社会的整体发展相适应的。自党的十九大首次

* 姜凯，博士，中央文化和旅游管理干部助理研究员，主要研究方向为公共文化政策、文化治理等。

提出以来，高质量发展已经成为全面建设社会主义现代化国家的首要任务。党的十九届五中全会进一步明确，“十四五”时期经济社会发展要以推动高质量发展为主题。2018 年以来历次政府工作报告都围绕推动高质量发展做出重要部署。习近平更是多次指出，高质量发展是“十四五”乃至更长时期内我国经济社会发展的主题，关系我国社会主义现代化建设全局。①

从国家长远发展的需求来讲，公共文化服务作为丰富人民群众精神文化生活、传承中华优秀传统文化、弘扬社会主义核心价值观、增强文化自信、促进中国特色社会主义文化繁荣发展、提高全民族文明素质的重要方式，实现高质量发展转变，具有极其重要的现实意义。从公共文化服务发展自身的历史脉络来讲，高质量发展是公共文化服务历经不同发展阶段，由量级增长向质级转变的重要过程，是公共文化服务水平和能力实现提质增效的关键途径。公共文化服务向高质量发展的转变主要表现为以下几个方面。

一是服务内容更加优质。服务内容的升级是公共文化服务高质量发展的首要任务。公共文化服务必须呼应人民群众对高品质文化生活的期待。从 2000 年人均 GDP 不足 1000 美元，到 2019 年人均 GDP 突破 10000 美元，②人民群众对美好生活的追求已经由“有没有”向“好不好”转变，高品质的精神文化生活成为人民群众的普遍向往。作为文化需求供给端的公共文化服务，必须在高质量发展的过程中，通过多种形式、多种渠道完成对公共文化服务内容的优化升级，实现公共文化服务产品内容质量的大幅提升。特别是要大力加强公共文化服务供给端的改革，以人民群众喜闻乐见的各类优质文化产品和服务丰富人民群众的精神文化世界，满足人民群众日益增长的文化需求。

二是服务体系更加健全。历经多年建设和发展，公共文化服务体系已经取得实质性进展。截至 2021 年底，全国共有公共图书馆 3215 个、文化馆 3316 个、乡镇（街道）综合文化站 4.02 万个、村（社区）综合文化服务中

---

① 《把为民造福作为最重要的政绩（新征程再出发）》，《人民日报》2021 年 3 月 9 日。

② 张军：《从民生指标国际比较看全面建成小康社会成就》，《人民日报》2020 年 8 月 7 日。

心 57.54 万个，且全部免费开放。截至 2022 年 6 月，全国分别有 2674 个县（市、区）建成文化馆总分馆制、2642 个县（市、区）建成图书馆总分馆制，在全国县（市、区）一级占比分别达到 94%和 93%。[①] 能否在既有的公共文化服务体系基础上，将服务“触角”进一步下移深潜，是关涉当前和未来公共文化服务能否实现高质量发展的重要问题。

三是服务方式更加高效。如何提升公共文化服务效能始终是公共文化服务建设和发展过程中的重要问题之一。长期以来，受限于文化供给不足、文化供给的多样化水平不高等方面的问题，公共文化服务能力和水平距离满足人民群众对美好生活的向往还有较大差距。近年来政府通过增加公共文化财政投入，在一定程度上解决了公共文化服务建设和发展的“卡脖子”问题，各类公共文化机构的设施和服务得以更新升级，人民群众得以普遍受益。但在实际过程中，仍存在许多公共文化机构服务效率连年下滑、公共文化资源配置“拥挤”等现象，[②] 人民群众对公共文化服务的认可度和满意度仍有待提升。在高质量发展的过程中，必须大力解决公共文化服务“效率洼地”现象，不断提升公共文化服务效能，避免陷入“体制空转”和“服务内卷”的尴尬境地。

四是服务效果更加公平。公平是公共文化服务重要的内在属性之一，所有的公共文化服务举措必须立足于有利于实现公共文化服务公平这一基本点上。标准化、均等化是实现公共文化服务公平的基本要求，也是重要途径。保障人民群众基本文化权益、满足人民群众基本文化需求是公共文化服务建设和发展的题中之义。实现公共文化服务的城乡均等、全民共享是公共文化服务建设和发展的基本任务。在高质量发展过程中，公共文化服务建设和发展只能在服务效果上实现更高水准的公平，而不能是其他。

① 王彬：《公共文化服务这十年：让百姓文化生活更有获得感》，《中国文化报》2022 年 10 月 10 日。

② 傅才武、张伟锋：《我国省域公共图书馆效率、规模收益及“拥挤”现象研究》，《中国软科学》2017 年第 10 期。

二 公共文化服务高质量发展需处理的几类关系

历经“十三五”时期的快速发展，公共文化服务在诸多方面取得了令人瞩目的成就，但也存在许多问题和挑战。面对高质量发展的新要求，在公共文化服务进一步发展的过程中，必须着重处理好以下几个方面的关系。

一是必须处理好点面关系。公共文化服务作为文化事业的重要组成部分，其自身发展必须与文化事业的整体发展相适应，必须与国家整体经济社会发展相协调。随着国家经济社会高质量发展，我国中等收入群体会持续扩大，人民群众对公共文化的需求也将逐渐增长，这也必然对公共文化服务提出更高的要求。因此，在推动公共文化服务高质量发展的过程中，必须关注公共文化服务与整个文化事业建设和发展之间的关系，以及公共文化服务与国家经济社会整体发展之间的关系。通过协调的、可持续的高质量发展，满足人民群众对优质公共文化产品和服务不断增长的需求，不断增进人民群众对优质公共文化产品和服务的获得感、幸福感。

二是必须处理好上下关系。公共文化服务的高质量发展不仅需要依靠完善的顶层设计，还需要聚焦基层服务效能发挥。强化顶层设计必须通过完善公共文化服务发展相关的政策法规体系来完成。通过不断完善公共文化领域的立法，提高公共文化服务建设法制化水平，是实现人民群众文化权益的重要保障。随着各种制度化的举措日益丰富和完善，公共文化服务体系将越发完善。只有确保公共文化服务效能得到真正发挥，才能够实现公共文化服务体系在实际意义上的确立和完善。在这一过程中，必须处理好顶层设计与实际效能发挥之间的关系，把公共文化服务效能的发挥，特别是基层公共文化服务效能的发挥当作关键环节之一。

三是必须处理好城乡关系。受制于人口数量和质量、基础设施建设、投入机制等一系列因素，城乡之间的发展差距在未来一个时期仍将存在，公共文化服务领域当前存在的城乡差距也将随之延续。由于文化领域供给侧结构性改革的滞后，我国文化建设和文化产业区域间、城乡间的发展长期处于不平衡状态，由此直接导致农村特别是经济欠发达地区农村的文化建设发展缓慢，存在较多短板。实现公共文化服务高质量发展，必须实现城乡之间的服务协调。人民群众对于美好生活的需求和向往是普遍性的，对于精神文化生活的需求更是如此，发展过程中的城乡差距问题必须在发展过程中加以解决。公共文化服务的高质量发展，应当努力消弭这种城乡差距，实现更为普遍意义上的公共文化服务均等化。加快公共文化服务向广大乡村地区倾斜，实现公共文化服务在城乡之间的协调发展，是公共文化服务高质量发展的重要课题之一。

四是必须处理好虚实关系。既有的公共文化服务发展往往依靠基础设施建设来完成，各地公共文化空间和设施的更新翻建成为公共文化服务的有力支撑点。当前，互联网技术已经成为社会经济发展的重要推动力，而随着互联网技术手段的日益成熟和互联网技术应用的日益普及，互联网技术在便捷性、多元性、可及性、普惠性等方面的优势越发突出。公共文化服务要想实现高质量发展，离不开与互联网技术的深度融合，离不开对现代科技手段的广泛应用。近年来，各地已经创造出许多各具特色的综合性、一站式公共文化服务云平台，大量运用互联网技术对传统业务流程和服务方式加以改造的项目，以及公共文化服务和活动线上线下相结合的新模式等，显示了利用“互联网+”和“+互联网”拓展公共文化服务范围、延伸公共文化服务渠道、创造公共文化服务业态、创新公共文化服务方式的广阔前景。公共文化服务高质量发展，必须积极拥抱互联网技术助力下的新赋能、新智能。

三　公共文化服务高质量发展的途径

在充分认识和理解公共文化服务高质量发展深刻内涵的基础上，理顺公共文化服务高质量发展过程中的几组重点关系，实现公共文化服务高质量发展，可以着重从以下几个途径加以考虑。

一是继续推进基本公共文化服务标准化、均等化建设。实现国家基本公共文化服务指导标准和地方实施标准的动态调整，根据社会整体发展状况的动态变化，对国家基本公共文化服务指导标准进行适当调整，各地可以根据地区整体发展状况对地方实施标准进行适当调整。进一步健全公共文化设施运营管理和服务标准体系，进一步规范各级各类公共文化机构服务项目和流程。继续以标准化促进均等化，不断查漏补缺，填平补齐公共文化资源缺口，开发和提供多元化的基本公共文化产品和服务。继续加大对“老少边穷”地区文化建设的帮扶力度，缩小老少边穷地区与发达地区之间的服务条件和服务水平差距，实现区域间、城乡间公共文化服务均衡协调发展，各级公共文化设施达到国家建设标准。

二是加强公共文化服务体系化建设。形成完备的公共文化服务设施网络和服务供给体系。推动公共文化管理体制和运行机制的不断创新，继续完善公共文化服务体系建设协调机制。基层党委和政府统筹实施各类重大文化工程和项目，全面推进县级文化馆、图书馆总分馆制建设，全面推进乡镇（街道）综合文化站和村（社区）综合文化服务中心建设，形成以公共图书馆、文化馆、博物馆、乡镇（街道）综合文化站、村（社区）综合文化服务中心为重点，以流动文化设施和数字文化设施为补充的公共文化产品和服务供给系统。

三是全面提升公共文化产品和服务专业化水平。继续深化公益性文化事业单位改革，不断丰富公共文化产品供给，拓宽供给渠道。继续深入开展艺术普及活动，不断繁荣群众文艺，大力完善扶持机制，积极搭建展示平台。以群众需求为导向，呼应群众文化需求，全面推行“菜单式”“订单式”公共文化服务模式。实现公共图书馆、博物馆、文化馆（站）、美术馆等公共文化设施全面免费开放，继续提升服务水平，不断提高群众文化参与度。健全群众文化需求反馈机制，以群众反馈促进服务水平和服务效能的提升，实施公众参与度和满意度指标测评。

四是进一步推动公共文化服务社会化发展。继续推动公共文化服务项目化管理、市场化运作、社会化参与。不断建立健全政府购买公共文化服务工作机制。大力培育文化类社会组织。拓展和健全政府与社会资本合作、公益创投等多种模式，为企业、社会组织和个人参与公共文化服务供给提供充分的政策保障，推动公共文化设施社会化运营走向深入。鼓励和引导社会力量在符合条件的情况下结合历史街区和传统村落建设等兴办公共文化项目。继续推进文化志愿服务，进一步完善文化志愿者注册招募、服务记录、管理评价和激励保障机制，实现文化志愿服务规范化、专业化和社会化水平的有效提升。

五是大力提高公共文化服务数字化能力。继续推动公共数字文化建设，进一步加快数字图书馆、文化馆、博物馆、美术馆建设，推动实施重大公共数字文化建设工程，不断加强数字产品和服务的开发与利用，实现优质资源供给能力全面提升。推动公共数字文化资源供给相关技术瓶颈实现实质性突破，健全面向大数据处理和应用的技术支撑体系，实现公共文化服务与科技应用的深度融合。深度利用泛在网络、云计算、大数据、人工智能等技术，打造优质的网络资源采集与服务平台，进一步推动全民阅读和学习型社会的建设，完善智慧公共文化服务支撑技术体系。充分运用现代传播技术手段，全面加强公共文化产品的传播，不断提升内容分发效率和文化传播效果。

此外，还可以根据文化和旅游部门当前的行政关系实际，推动公共文化服务机构重新赋能。通过对现有的文化和旅游机构重新赋能，充分发挥文旅融合新形势下的文旅公共服务功能，实现现有文化和旅游各类组织机构的内涵拓展和价值提升。在具体实践中，要统筹原有的公共文化服务机构和旅游公共服务机构的功能，形成文旅公共服务机构服务发展的新功能和新职责。一方面，可以赋予现有的文化馆、图书馆、美术馆、博物馆等公共文化服务机构以旅游公共服务职能。现有的文化馆、图书馆、美术馆、博物馆等公共文化服务机构应当关注地方特色文化资源的挖掘和整理，并提炼其特色文化内涵，形成新的旅游公共服务资源点，积极对接地方旅游业发展，充分发挥原有公共文化服务机构在旅游发展中的作用。另一方面，可以将现有的旅游服务中心、游客服务中心以及部分适合的旅游景点等旅游公共服务机构整合为新的公共文化服务机构。可以通过总分馆制建设，将这些旅游公共服务机构建设成新的公共文化服务馆（站），也可以在重点旅游区域建设新的文旅公共服务馆（站），服务本地居民和外地游客，实现对社会成员的全方位文旅公共服务。

新时代背景下传统公共文化空间的重塑和升级转型

李 蓁　陆丽明*

摘　要： 党的十九届五中全会通过的《中共中央关于制定国民经济和社会发展十四五规划和二〇三五年远景目标的建议》以及文化和旅游部印发的《"十四五"文化和旅游发展规划》，对现代公共文化服务做出了一系列重大部署，其中健全基层公共文化设施网络、创新拓展城乡公共文化空间被列为重要任务。目前，公共文化空间提档升级已上升到战略层面，新型文化空间建设正从基层试点探索向全国推广普及，其重要性不言而喻。而有些地方的文化馆、博物馆等传统公共文化空间由于运营多年，场馆面临设备老旧、设计落后、场馆面积不足、功能不齐全、人气不旺等问题，应大力进行改造、升级、转型或重塑，不断提升场馆品质和服务功能，以满足新时代群众需求。

关键词： 公共文化　功能改造　空间重构　服务升级

近年来，为了更好地满足人民群众文化需求，国家先后出台多项政策，鼓励社会力量参与公共文化空间建设，助推公共文化服务高质量发展。2017年出台的《国家"十三五"时期文化发展改革规划纲要》，提出要自主制定

* 李蓁，硕士，中央文化和旅游管理干部学院研究馆员，主要研究方向为公共文化、人才队伍建设、公共文化空间、文化志愿服务等；陆丽明，博士，海淀区文化馆馆员，主要研究方向为文化馆建设、数字化服务、文化志愿服务等。

富有特色的地方实施办法，健全各级各类公共文化基础设施。2021 年《“十四五”文化和旅游发展规划》提出，健全基层公共文化设施网络，打造一批新型公共文化空间。2021 年 3 月，文化和旅游部等 3 部委出台《关于推动公共文化服务高质量发展的意见》，鼓励创新文化业态，创新拓展城乡公共文化空间，立足城乡特点，打造有特色、有品位的公共文化空间；鼓励将符合条件的新型公共文化空间作为公共图书馆、文化馆分馆。北京市 2021 年发布的《北京市“十四五”时期文化和旅游发展规划》也提出，要在“十四五”期间拓展新型公共文化空间，实施“城市文化会客厅”项目，打造一批融互联网、数字阅读、艺术展览、文化沙龙等内容于一体的新型公共文化空间。上海、浙江也出台了相关文件，鼓励各地因地制宜建设新型公共文化空间，提升新型公共文化空间的功能性和品质性。

传统公共文化空间作为群众参与文艺活动的重要载体和场所，与群众联系最为紧密，但随着时间的推移，有些地方场馆面临设施老旧、设计落后、场馆面积不足、功能不齐全、服务效能不高、人气不旺等问题，在群众文化需求日益多元化的今天，应对空间进行改造、升级，打造新型公共文化空间，创新文化和旅游融合概念，不断提升场馆品质和服务效能。[①] 重塑传统公共文化空间是满足人民对美好生活新需求的重要举措，一个品质高、颜值高、人气高的公共文化空间对周边的社会文化生活环境将起到优化和提升的作用。

一　传统公共文化空间的类型和功能分析

1. 传统公共文化空间的主要类型

公共文化空间是面向社会公众开放，供人民群众休闲、娱乐、交流和学习文化的场所，具有开放性和公共性的特点，人民群众可以随时走进去享受

---

① 张锦龙：《城乡公共文化空间数字化转型：问题、原则与路径》，《湖北文理学院学报》2022 年第 4 期。

文化服务。一般有以下几种类型：一是政府主导的，被纳入国家公共文化服务体系范畴的公共文化服务机构，比如博物馆、美术馆、图书馆、文化馆、社区（乡村）文化活动中心等，这些服务机构运营的时间较长，有一定的群众基础，在多年的服务工作中，这些公共文化空间对丰富人民群众精神文化生活、提高群众整体素养以及维护社会和谐稳定发展等方面具有十分重要的意义；二是城市居民或村民自发聚集的公共文化空间，比如茶馆、戏台、灯棚、庙会、祠堂、社区活动站、邻里公共空间、街巷等，这些公共文化空间也是群众娱乐、休闲、交往、聊天，增进彼此了解的重要场所；三是私人投资建立的博物馆、图书馆、艺术馆、美术馆等，这些场馆的建立也在一定程度上满足了群众的文化需求。此外，公共文化空间还包括室外的公共文化空间和室内的公共文化空间。本报告主要探讨博物馆、美术馆、图书馆、文化馆、社区（乡村）文化活动中心等传统公共文化空间在新时代背景下的重塑和升级转型。

2. 传统公共文化空间的主要功能

博物馆、美术馆、图书馆、文化馆、社区（乡村）文化活动中心等传统公共文化空间作为国家公共文化设施的组成部分，是公众读书看报、观看展览、学习文化、放松身心、享受艺术熏陶、展示才艺风采以及参与各类文化艺术活动的重要场所。从传统上来说，这些公共文化空间一般根据自己的业务职能，设置相应的公共活动空间和相关的配套设施，比如文化馆一般设有小剧场、多功能厅、培训教室、琴房、展厅等群众活动空间；博物馆一般设有展厅、报告厅、影视厅等；图书馆一般设有阅览室、流通部、信息共享空间、学习室等；美术馆则设有展厅、艺术集市、多功能厅、公教专区等功能区。群众可以前来读书、借书、看报、听讲座、看展览、参加活动、接受培训、参与比赛、进行团队排练、观看演出电影等。这些功能设置确实满足了部分群众的文化服务需求，对繁荣社会主义文化事业、提高人民群众整体素质和精神文化水平、丰富人民群众业余文化生活等做出一定的贡献。①

① 张梦宇、戴舒濛：《公共文化新空间构建初探》，《中国文化馆》2022 年第 1 期。

二 当前传统公共文化空间面临的危机

随着时代的发展，人们的审美观念、文化服务需求都发生了巨大的变化，人们走进公共文化空间，不仅希望享受读书、看报、看展览、参与群众文化活动等基本文化服务，还希望能够休闲、娱乐、放松、体验、社交，享受丰富、多元、高品质的文化服务。人民群众不仅关心场馆提供的服务，也越来越关注场馆空间的设计美感和美学品位。而由于运营多年以及其他方面的原因，目前部分公共文化场馆存在面积偏小、配套功能不全、设施设备老旧、空间布局不合理、服务项目单一、发展后劲不足等问题，在建筑功能、装修设计、配套设施、布局、环境等方面跟不上时代潮流，不符合当代人的审美要求。还有一些场馆的标识、建筑物风格不够突出，缺乏辨识度，在外观上吸引不了人们的注意，更难吸引年轻人走进其中。更有一些场馆服务内容不丰富、形式单一、缺乏创新，既留不住老人，也吸引不了新人。这就与人民群众日益增长的精神文化需求不相匹配，也导致部分公共文化空间出现人气不旺、存在感不强、空间利用率不高等问题。①

而与之形成鲜明对比的是，随着公共文化服务体系建设的不断推进，城市书房、小镇会客厅、文创街区、公共集市、文化驿站、睦邻中心、非遗传承基地等装修漂亮、特色鲜明、舒适度高的新型公共文化空间如雨后春笋般在各大中小城市不断涌现，吸引了无数人的目光，也成为民众尤其是青少年群体日常参观、体验、休闲、娱乐、学习、放松的好去处，甚至成为互联网上的“网红打卡地”。比如北京市近年涌现的角楼图书馆、史家胡同博物馆、27 院儿、24 小时城市书房、红砖美术馆、全民畅读书店（郎园 PARK 店）、拾光文化馆等各类集购物、休闲、非遗、阅读、体验、文旅、文创、文博等于一体的复合型新型公共文化空间，线上线下都积聚了超高的人气。

① 张锦龙：《城乡公共文化空间数字化转型：问题、原则与路径》，《湖北文理学院学报》2022 年第 4 期。

美丽的公共文化空间不仅扮靓了京城，丰富了人们的生活，也擦亮了城市名片，提升了城市文化品位，在无形之中塑造了城市的文化气质，进一步提升了城市公共文化服务水平。

三　传统公共文化空间重塑和改造升级思路

为满足新时代人民群众日益增长的多元化文化服务需求，为建设社会主义文化强国贡献力量，促进公共文化事业高质量发展，传统公共文化场馆有必要优化功能布局，淘汰、整合或腾退一些老旧过时、不符合群众需求的功能空间，提高设施利用效率，为群众营造高品质的公共文化空间，以满足人民群众日益增长的美好生活需要和不平衡不充分的发展之间的矛盾。

（一）场馆的重塑和改造升级

随着生活水平的提高，人们对公共文化空间有了更高的要求。一个公共文化空间到底“美不美”“好不好”，直接影响着它的人气。人民群众走进文化空间，除了为满足学习、娱乐、放松身心等基本文化需求，同时希望文化空间更时尚、现代，有温度、有情怀、有品位，富含韵味，充满美感。在这种情况下，对传统公共文化空间的设计和布局也提出了挑战。如果传统公共文化空间仍然抱残守缺，一味拘泥于既定框架，不寻求突破和创新的话，人气会越来越低。因此，老旧、缺乏特色，对民众没有吸引力的传统公共文化空间，应加大力气对场馆进行升级改造。

1. 打造有辨识度的文化场馆

就建筑外观来说，一些传统文化空间在群众中认知度不高、存在感较低，一个重要的原因是建筑物没有特色、标识不清楚、门头招牌不起眼、没有导向路标或路标不明显。一些文化馆、图书馆甚至没有自己的独立馆舍，与其他单位或公司混杂在写字楼里，群众查找和参加活动很不方便。而一些新型文化空间之所以受到很多年轻人的热情追捧，首先在于它有清晰的场域辨识度，建筑风格标新立异，一眼便能抓人眼球。其次，门牌设计新颖别致，符合当代人审美，让人眼前一亮，自然而然吸引人们走进去。

为打造有吸引力、群众喜闻乐见的高品质场馆，传统公共文化空间应聘请有知名度的专业设计团队，对场馆外观、门头招牌以及标识进行重新包装设计。结合当地的文化特色以及当代人的喜好，打造有品位、有辨识度、个性化，能够体现当地文化特色和文化底蕴的地标建筑，使之成为当地有名的文化地标。比如北京的美克洞学馆，以洞穴文明和丝路文化艺术为设计灵感，不规则的天窗设计、洁白的大理石，仿佛鸟儿展开的翅膀，构建了圣洁、时尚和充满艺术底蕴的“穴居”文明，前卫的外观设计吸引了不少明星艺人和年轻情侣前去“打卡”。①

2. 优化环境空间布局和设计

就内部功能设置来说，传统公共文化场馆的空间设计也缺乏足够的吸引力，有的只是普普通通的展厅、陈列厅、功能教室，没有特别的装饰，几十年没有什么变化，空间布局陈旧，设备设施老化，缺乏人文温度，体验感不强，没有什么吸引力。公共文化场所应该是一个让生活更有趣、文化更自信的地方，因此在空间的布局和设计上首先要有文化品位，环境优雅、温馨，与提供的文化服务相匹配，让人感到舒适亲切。比如北京新晋“网红打卡地”之一的“美后肆时”，原本是地铁 8 号线盾构工程腾退工地，被改造成一座青砖灰瓦、雕梁画栋、古色古香的两进式四合院。充满京韵京味的 5000 多平方米的中式建筑中，设置了美作馆、美食馆、美阅馆、美影馆、美衣馆、美体馆等 21 个集生活美学、文化体验、文化交流与传播于一体的美育空间，时尚、热闹而又不失传统文化底蕴，不论是看书、听课、练瑜伽，都让人感到轻松自在和舒适宜人。② 由红楼电影院改造成的北京红楼公共藏书楼，巧妙地将阅读功能与电影院的既有空间相结合，既保留了电影院曾经的空间风貌，同时散发着浓郁的书香，为市民提供

① 卢江枫：《艺术赋能零售业：从百脑汇到美克洞学馆的蜕变》，《商业经济研究》2023 年第 1 期。

② 张妮：《美后肆时：四合院里的新型公共文化空间》，《中国文化报》2021 年 5 月 18 日。

了一个新颖别致的公共阅读空间。[①]

遍地开花的各种新型公共文化空间见证了广大人民群众旺盛且多样化的精神文化需求，而传统公共文化空间有自己的场地和群众基础，如果能从人民群众的需求出发，优化自身环境空间布局，在装修上下功夫，多研究当代人的审美喜好，设计有特色、有品位、舒适化、布局科学合理的文化空间，营造出更浓厚的文化氛围，一定也可以成为群众日常文化休闲的好去处。

（二）构建内容多元、专业的公共文化服务综合体

1. 服务内容的重塑

虽然很多高颜值的“网红”公共文化空间在线上线下引起了不低的热度，但任何时候都是“内容为王”，要想长久地留住服务人群，让各年龄群体都能享受到高品质的文化服务，还需要在内容上多下功夫，重塑服务内容、提升自我“造血”功能，把最重要的“里子”做好。在内容打造上，传统公共文化空间要深入挖掘和盘活地方优质资源，聚焦各年轻段群体的真实需求，及时淘汰不受群众欢迎的服务项目，创新文化品牌活动，打造高品质、深受当代群众欢迎的精品服务项目。比如成都市文化馆根据年轻人的需求，在服务内容上进行创新，推出了年轻人喜闻乐见的“剧本杀”、Cosplay 快闪、潮玩分享、文创市集、桌游互动体验等沉浸式互动体验活动以及街舞、爵士等内容的主题讲座与展演，吸引了一大批年轻人。[②]北京的“美后肆时”，既有中老年群体喜欢的书法、国画、古琴、茶艺、非遗、歌舞等项目以及与传统文化相关的讲座和培训，也有脱口秀、有氧搏击、现代戏剧、服饰美学、摄影、文创市集等深受年轻人喜爱的时尚玩法，还有孩子们喜欢的阅读、国学、手工等文化活动。从稚子蒙童到古稀老人，不同年龄、不同职业的受众都能在这里找到适合自己的一方天地，365 天，天天不间断，高质量、个性化、多样化的文化服务供给让这个公共文化空间

---

① 刘迪：《公私藏书互动模式构建与经典阅读——以北京市西城区打造红楼公共藏书楼为例》，《新阅读》2020 年第 1 期。

② 付远书：《四川成都：沉浸文化之风扑面来》，《中国文化报》2023 年 2 月 20 日。

迸发出崭新的活力。①

2. 突出场景化和体验感

随着时代的发展，人们已经不满足于被动接受文化服务，从文化活动内容到参与方式都更加注重体现趣味性、互动性以及获得感，一些体验感、互动性强的项目因而大受欢迎，甚至一票难求。因此，传统公共文化空间在策划线下活动时要注重场景化、体验感和互动性，让受众能够深度参与，进行沉浸式体验，零距离感受文化的熏陶。如北京的角楼图书馆，通过举办“北京会客厅”“非遗 52 日”“来角图过中国节”“角图星空电影院”“角图奇妙夜”“家庭领读人计划”等活动，吸引各年龄层的群体走进图书馆，深度参与活动，近距离品味北京、聆听历史，感受和学习中华传统文化、享受阅读的快乐。②

3. 探索复合型公共文化服务

进入高质量发展时代，人民群众对精神文化的追求更加多元化，多业态、复合型的公共文化服务更加受到人们的青睐。因此，在策划活动时，可以将传统文脉与青春创造、“文化+旅游+科技”、博物馆群与青春风尚、古韵文化带与“网红打卡地”、阅读与研学旅游、图书发布与美术展览、“文创+旅游”等有机融合，寓教于乐，为群众送上优质、多元、高品质、多业态、复合型的文化服务，进一步加深受众对中华优秀传统文化的认同和热爱，不断擦亮文旅活动品牌，坚定大众文化自信，让人民群众能够真正感受文化之美、休闲之乐、生活之美好。比如海淀区图书馆（北馆），除面向社会开放阅读空间、举办阅读分享会之外，在运营的过程中还不断加入各种主题内容，将文化嵌入旅行，在阅读中融入科技、美食、健康、环保、运动等，通过开展“流动书车”文化服务项目、新春室内庙会、换书大集、科学小实验、野外露营讲座、小小志愿者培训、讲故事比赛、非遗体验、文化展览、书香文艺汇演、阅读沙龙、艺术展等丰富多彩的活动，全面调动青少

① 张妮：《美后肆时：四合院里的新型公共文化空间》，《中国文化报》2021 年 5 月 18 日。

② 杨庆祥：《东城区：以图书馆为主力的全民阅读推广模式》，《新阅读》2019 年第 4 期。

年、高校学生、社区中老年人、企业员工等不同群体的积极性，形成全民参与、全民共建、全民共享的良好阅读文化氛围和社会文明风尚。

（三）打造个性化虚拟文化空间

从传统的角度来讲，文化空间是指在固定的时间内举行各种文化活动及仪式的特定场所，兼具时间性和空间性。然而在数字化时代，人们的生活方式和生活经验正在被重塑，人们在虚拟空间花费的时间越来越多，如网购、休闲、娱乐、学习、参与文化活动等。特别是疫情期间，在线下场馆不得不暂停开放的情况下，很多公共文化服务机构将服务从线下搬到线上，依托各大网络平台，通过云讲座、云展览、云演出、云课堂、云阅读、云直播、云游馆等方式，让群众稳坐家中就可以学才艺、看直播、观民俗、听讲座、享音乐、学知识、参加比赛、参与互动、赢取好礼等。虚拟文化空间的重要性得到了极大的凸显，很多人习惯从网络上获取文化服务，这种方式更方便、快捷，使人足不出户便可享受“文化大餐”。

在网络虚拟环境下，文化空间的内涵得到了拓展，同时传统的文化参与方式发生了变化。而随着虚拟文化空间的需求与日俱增，人们将更为频繁地通过网络参与各种文化服务，这对公共文化服务机构来说既是机遇，也是挑战。虚拟文化空间虽然具有开放、交互、共享、即时传播、不受物理空间人数限制等优点，但是它的体验感和社交属性不足。对此，公共文化服务机构除了应及时转变观念，积极利用各种新媒体平台，打造属于自己的虚拟文化空间之外，还要在内容上下功夫。第一，要在持续丰富线下文化产品供给的基础上，通过直播、录播等形式，将形式多样、内容新颖、结构多元的文化精品汇聚云端，满足网络时代人们的多元需求。通过线上线下双轮驱动，实现公共文化服务的最大覆盖，更大范围地促进全民艺术普及。第二，要研究不同网络平台的功能及特征，根据功能定位、传播目标与用户人群等特点选择合适的平台，开展有针对性的文化服务。第三，要在服务内容、活动策划、运营推广等方面下功夫，针对定向人群进行投放和宣传推广，为用户提供精准的个性化服务，提高活动的知晓度。第四，针对虚拟文化空间体验感和社交属性不足的问题，研究和开发公众喜爱的文化产品，同时根据文化活动创设具有不同特色的沉浸式虚拟文化场景，打造个性化的虚拟文化空间，让活动参与者产生情感共鸣，激发群众参与热情，促进高频次、高品质的互动交流，增强群众的体验感和粘连度。①

总之，新型公共文化空间的大量出现，不仅给城市和乡村增添了文化气息，也让艺术走进了人们的日常生活，助力文旅融合和乡村振兴。在新的时代语境下，公共文化空间的打造应该充分树立以人民为中心的文化建设理念，传统公共文化空间作为群众参与文艺活动的重要载体和场所，也应及时转变观念，充分利用社会力量盘活和挖掘本地资源，在空间设计、功能设置、场景营造上对老旧的文化空间进行重构和升级改造，打造让人民群众“进得来、留得住、还想来”的魅力空间，不断提高场馆的吸引力，让人民群众享受温馨、舒适、令人身心愉悦的文化体验，以文化创新赋能公共文化空间重塑，激发全社会的文化创造激情，让生活在城市和乡村的各个群体都能得到人文滋养。

① 齐骥、陈思：《数字经济时代虚拟文化旅游的时空特征与未来趋向》，《深圳大学学报》（人文社会科学版）2022 年第 4 期。

文旅融合背景下的博物馆旅游发展思考

苗　宾*

摘　要：“宜融则融、能融尽融，以文促旅、以旅彰文”是新时期文化和旅游工作的基本思路。博物馆作为一个国家历史文化和民族风情的展示平台，几乎涵盖了各种文化形态，是独一无二的、含金量极高的文化旅游资源。随着国家文化和旅游的深度融合以及旅游市场的快速发展，博物馆正成为深层次、高品质旅游的基础，博物馆旅游面临新的发展机遇和挑战。本报告简要梳理了博物馆旅游的研究成果，阐释了博物馆旅游的时代机遇，并对博物馆旅游的发展路径进行了思考，以期从发展的、创新的理念来开发国内博物馆旅游。

关键词：博物馆　文旅融合　博物馆旅游　公共文化服务

一　前言

博物馆既是公共文化服务的重要阵地，又是旅游发展的重要载体。改革开放40多年以来，各领域深化改革全面推进，我国博物馆事业发展取得显著成绩。特别是党的十八大以来，博物馆免费开放推进，公共服务效能显著提升，社会关注度不断提高。博物馆作为一个国家历史文化和民族风情的展示平台，是独一无二的、含金量极高的文化旅游资源。当前，我国经济持续

* 苗宾，硕士，中央文化和旅游管理干部学院助理研究员，主要研究方向为文化和旅游发展政策、文化和旅游融合等。

健康发展，改革开放力度加大，居民消费提档升级，出游意愿持续高涨，旅游日益成为新时期人民群众美好生活和精神文化需求的重要组成部分。随着国家文化和旅游的深度融合以及旅游市场的快速发展，博物馆正成为深层次、高品质旅游的基础。博物馆旅游在给人民群众带来获得感、幸福感，成为人民向往的美好生活一部分的同时，自身也面临新的发展机遇和挑战。

二 博物馆旅游研究综述

（一）博物馆与博物馆旅游的关系

习近平科学地把博物馆定位为“中国历史的保护者和记录者”以及“当代中国人民为实现中华民族伟大复兴的中国梦而奋斗的见证者和参与者”①。

作为保护者、记录者、见证者和参与者的博物馆，在现代意义上是指“一个为社会及其发展服务的非营利的永久性机构，并向大众开放。它为研究、教育、欣赏之目的，征集、保护、研究、传播并展出人类及人类环境的物证”②。博物馆是在适应社会发展的漫长历程中，形成的多职能的文化复合体，它承载着一个地区、一个城市乃至一个国家千百年传承下来的文明。人们可以通过博物馆，穿越时空的阻隔与历史进行对话，它是一个民族乃至全球精神的传承。旅游业是21世纪最有朝气的产业之一，随着文化旅游市场的快速发展，文化旅游、科技旅游、研学旅游、休闲旅游、定制旅游等旅游形态逐渐兴盛，作为城市多职能文化复合体的博物馆也越来越被人们关注，博物馆旅游应运而生。

博物馆旅游是博物馆文化资源与旅游项目的有机融合，将博物馆的展览、教育活动、文创产品等文化资源转化成各具特色的旅游产品，以及吸引

① 《保护好中华民族精神生生不息的根脉》，中国共产党新闻网，2022年3月20日，http://cpc.people.com.cn/n1/2022/0320/c64387-32379130.html。

② 庄锡昌：《世界的博物馆》，复旦大学出版社，1993。

游客参观游览、休闲娱乐的综合性旅游活动。从发展的眼光来看，博物馆旅游是以博物馆为载体的旅游活动方式，它使旅游活动由一般的游览观光上升到高文化含量的游憩活动，是近年来国内外逐渐兴起的一种新兴旅游形式，逐渐成为公共文化服务和旅游发展的前沿阵地与有效载体。

（二）国外博物馆旅游研究简述

自 20 世纪 70 年代开始，世界博物馆发展普遍出现了与旅游业密切结合的趋势，与此同时，博物馆学研究逐渐形成了多个分支，博物馆旅游研究兴起。国外博物馆旅游在起步时间、研究内容、研究方法以及博物馆体制机制创新、博物馆开放和发展水平方面都领先于国内博物馆，所以研究博物馆旅游需要多注意国外相关研究的内容与成果。

现阶段国外博物馆旅游研究主要围绕博物馆旅游与博物馆旅游者、博物馆旅游需求与旅游体验、博物馆旅游功能开发与行为研究、博物馆文化产业与全域博物馆旅游等内容元素展开分析。主要论文、专著和论文集也是围绕旅游与博物馆之间的关系、博物馆的旅游营销与社会服务、博物馆旅游的文化内核、博物馆旅游的功能延伸与高质量旅游体验等内容进行阐述。

概括来讲，博物馆旅游研究是国外博物馆研究系统中的重要组成部分，其研究方向主要表现出三方面特点。一是运用多种研究方法，从供需方面对旅游者的心理及行为模式进行较多的分析和考察。二是着眼于博物馆与旅游发展之间的相互关系与作用，逐渐构建起现代博物馆旅游发展的基本体系和未来计划，提出世界范围内博物馆旅游的性质、特点与发展走势。三是对博物馆参与市场竞争、成为旅游经济主体等内容进行全面的论述。①

（三）国内博物馆旅游研究简述

博物馆旅游研究在国内仍属于相对较新的内容，国内真正意义上的博物

① 王玲：《基于公共文化空间视角的上海市博物馆旅游发展研究》，博士学位论文，复旦大学，2010。

馆旅游研究始于20世纪90年代末期，落后西方国家近20年，且研究深度和广度仍与西方国家有较大差距。

我国博物馆旅游研究在学习借鉴国外研究内容和方法的同时，立足自身博物馆属性特点和旅游市场的发展水平，对我国博物馆旅游开发现状、存在的问题和发展趋势进行了较为充分的研究。陈来生认为博物馆的休闲娱乐功能应强化且亟待开发。① 王晓宇分析了制约大连市博物馆旅游发展的五大瓶颈，认为加快大连博物馆旅游发展应首先转变观念，加强博物馆与旅游的融合，重点实施市场营销策略，提高博物馆的竞争力。② 王丽明提出博物馆的双重营销理念，认为公益事业是博物馆的灵魂，经济产业是博物馆的重要组成部分，二者共生互动、相互促进。③

概括来讲，国内学者对于博物馆旅游的研究主要集中在博物馆与旅游两者结合所能达到的共赢效果、博物馆旅游资源和旅游产品的开发以及博物馆旅游者的心理和行为方面的研究，对博物馆旅游进行了概念定位、资源梳理和数据分析，并提出了发展对策，但在学科建立、规律性研究、发展趋势研究等方面还处于初级阶段。

（四）国内博物馆旅游存在的问题

改革开放40多年来，党和政府对文博事业高度重视，博物馆建设出现了前所未有的快速发展，人民群众对博物馆的关注和参与程度显著增强，博物馆工作方式不断创新，精品展览迭出，在对外文化交流中扮演着越来越重要的突出角色。④

---

① 陈来生：《休闲娱乐功能的强化与博物馆的可持续发展——以苏南地区为例》，《江南社会学院学报》2003年第3期。

② 王晓宇：《大连市博物馆旅游发展的瓶颈与对策研究》，《边疆经济与文化》2008年第11期。

③ 王丽明：《博物馆的双重营销理念——关于博物馆公益事业与经济产业营销的思考》，《中国博物馆》2008年第1期。

④ 王春法：《关于新时代博物馆事业发展的若干思考》，《中国国家博物馆馆刊》2018年第5期。

随着博物馆事业的快速发展，博物馆旅游领域出现了以下问题。博物馆旅游理论研究起步晚、发展慢；博物馆旅游价值发挥不明显，现代化程度不够高，信息化建设不够完善，大数据资源欠缺；产品开发质量参差不齐，缺少合理的宏观规划；博物馆旅游资源丰富，但缺乏有效的资源配置手段，资源梳理和利用效率整体不高；博物馆领域发展不平衡不充分；博物馆品牌效应不明显，对于城市旅游业的整体贡献率较低。

三　博物馆旅游的时代机遇

（一）文博旅游成为满足人民群众对美好生活新期待的重要组成部分

党的十八大以来，习近平多次就文化工作做出重要指示，多次参观考察各地不同类型和主题的博物馆，明确提出要让藏在禁宫里的文物、陈列在广阔大地上的遗产、书写在古籍里的文字都活起来。[①] 同时，旅游、文化、体育、健康、养老作为“五大幸福产业”的重要领域，在国民经济社会的不断发展中呈现更多元、更旺盛的市场需求。据统计，仅 2018 年国庆假期，就有超过 90%的游客参加了文化游览活动，超过 40%的游客参加了 2 项文化游览活动，前往博物馆、美术馆等文博单位的游客占比达到 40%以上，37.8%的游客花在文化游览活动上的时间为 2~5 天。携程的博物馆游、途牛的文化精品游等受到大众的青睐和追捧，可见文博旅游已经成为人民群众旅游活动的重要组成部分。

党的十九大做出了我国社会主要矛盾发生变化的新判断，提出了坚持新发展理念、提升发展质量和效益的新要求。要将以人民为中心的发展思想贯穿建设管理、运营服务各方面全过程，使博物馆成为人们共有共享的文化家园。在此背景下，我国博物馆事业发生了历史性变革。博物馆数量从 1978

① 《通过文旅融合“让文化遗产活起来”》，“央广网”百家号，2019 年 11 月 15 日，https://baijiahao.baidu.com/s?id=1650237112737819320&wfr=spider&for=pc。

年的349家增长到2021年12月的5772家，年参观人数接近10亿人次，年举办展览2万余个、教育活动20万次。博物馆免费开放深入推进，公共服务效能显著提升，社会关注度不断提高，文博单位参观人数从2001年的1.13亿人次提高到2017年的11.48亿人次，增加了9.2倍。2017年全国共接待入境旅游者1.39亿人次，国内旅游者50亿人次，全国旅游总收入达5.4万亿元，博物馆旅游发展空间巨大。作为文化和旅游产业相融合的产物，在旅游产业和文化产业获得重大发展的前提下，博物馆旅游的规模和影响力正在迅速提升，给人民群众带来的获得感和幸福感不断增强，成为满足人民群众对美好生活新期待的重要组成部分。

（二）机构改革推进、政策红利凸显，为博物馆旅游发展营造良好氛围

文化是旅游的灵魂，旅游是文化的载体，文化和旅游融合已成为现代社会发展的必然要求。2018年3月，为了推动文化和旅游进一步深度融合，统筹文化事业、文化产业发展和旅游资源开发，最大化发挥文化旅游效应，国务院机构改革方案提出组建文化和旅游部，为进一步运用文化的内容支撑提升旅游内涵、运用旅游的方式传播传承文化要素提供了制度支撑。8月，《文化和旅游部职能配置、内设机构和人员编制规定》出台。截至2018年12月，全国31个省（区、市）文化和旅游厅（委）挂牌全部完成。2019年3月，市县机构改革全部完成。随着机构改革的推进，文化和旅游部确立了新时期文化和旅游“宜融则融、能融尽融，以文促旅、以旅彰文”的工作思路。

在国家政策和制度规划层面，国家相关部门先后出台了《关于全国博物馆、纪念馆免费开放的通知》《国务院关于推进文化创意和设计服务与相关产业融合发展的若干意见》《博物馆条例》《关于进一步加强文物工作的指导意见》《关于推动文化文物单位文化创意产品开发的若干意见》《国家文物事业发展“十三五”规划》《国务院关于加快发展旅游业的意见》《国务院关于促进旅游业改革发展的若干意见》，以及由文化和旅游部办公厅及

国务院扶贫办综合司联合印发的《关于支持设立“非遗”扶贫就业工坊的通知》、文化和旅游部办公厅出台的《关于大力振兴贫困地区传统工艺助力精准扶贫的通知》等政策意见，为博物馆免费对外开放、支持民间私人博物馆发展、加快文化创意产品开发设计、丰富旅游发展文化内涵、创新文化旅游产品、更好发挥非物质文化遗产在旅游扶贫当中的价值和作用等提供了方向和指导，为文博事业和旅游发展提供了有力的政策保障和制度支撑，并营造了良好的社会共建共享环境氛围。

四　博物馆旅游的发展路径思考

随着文化和旅游的深度融合，以及博物馆体系的日益完善和旅游市场的快速发展，博物馆正成为深层次、高品质旅游的基础和核心吸引物，博物馆旅游面临新的发展机遇和挑战。

（一）坚持以人民为中心的工作导向，创造具有国际视野和中国风格的博物馆旅游文化

文化和旅游部原部长雒树刚在 2018 年 12 月 25 日举办的全国博物馆工作座谈会上指出，博物馆在经济社会发展中的作用持续显现，给人民群众带来的获得感、幸福感不断增强，已经成为人民向往的美好生活的一部分。他同时强调，博物馆发展必须坚持中国特色社会主义文化发展道路，牢牢把握博物馆工作的正确方向，坚持以人民为中心的工作导向，不断满足人民群众对美好生活的新期待。

当前，中国博物馆事业发展呈现良好态势，发展成就受到国际社会的高度关注和赞誉。博物馆及其所代表的文化正在展开一场全球化运动，主要表现在一些国际知名的博物馆纷纷制定了全球化发展战略，相继在异地甚至他国开设分馆。[①] 故宫博物院、中国国家博物馆、广东省博物馆、南京博物

---

① 王春法：《关于新时代博物馆事业发展的若干思考》，《中国国家博物馆馆刊》2018 年第 5 期。

院、三星堆博物馆等国内一线博物馆在开设分馆、国际合作、馆际交流等领域深入推进，起到了引领和表率作用。随着我国博物馆文化体制改革的不断深化以及大众文化旅游需求的不断高涨，博物馆以主动或被动的方式逐渐走向市场，争取在旅游休闲市场上获得一定的收益。因此，在文化建设和旅游融合发展积极性空前高涨、文化和旅游融合发展路径逐渐清晰的条件下，必须始终坚持博物馆旅游的正确方向，跳出“小旅游”理念，形成“大旅游”格局，立足自身特色和城市文化发展，着力推进理念融合、产业融合和市场融合，创造具有国际视野和中国风格的特色博物馆和博物馆文化。

（二）坚持“内容为核”发展理念，提高文化旅游消费品质

解决博物馆旅游发展中客观存在的不平衡不充分问题，最根本的方法是通过供给侧结构性改革，坚持“内容为核”的发展理念，扩大有效和中高端消费供给，切实提升文化消费品质，满足多样化的博物馆旅游需求。这里所说的核心内容，从供给侧的角度来看，主要包括博物馆的展览和文化创意产品的开发。

展览把独立文物或者艺术品连接起来，组成一个具有思想性的文化产品。展览是博物馆工作的主责主业，无论藏品还是研究，归根到底都要为展览服务。打造策展品牌，强化策展能力，提高博物馆工作的核心竞争力，多元的展览主题、丰富的展览形态，分主题、成系列、成规模、有计划的精品展览才能让观众有的看、有的玩、有的聊，满意而归、满载而归。

文创产品是蕴含丰富的博物馆精神内容沉淀的文化商品，对其进行开发与推广，是博物馆深入挖掘馆藏文化资源、弘扬中华优秀文化、推动文化资源与现代生产生活相融合的重要途径和关键一招，也是让文物“活起来”和吸引高品质文化游客资源的重要一环。文创产品的开发必须关注藏品、关注非遗，让传统文化“动”起来，最大限度地挖掘博物馆文物的物质属性和精神属性。近年来，从大英博物馆的盛装小黄鸭到北京故宫博物院的“萌萌哒”系列文具，从陕西历史博物馆的文物饼干到成都金沙遗址博物馆

的小夜灯，越来越多的博物馆在文创产品上下起了功夫，帮助人们实现“把博物馆带回家”的基本诉求。据不完全统计，2017 年全国博物馆的文创产品开发收入约为 35. 2 亿元，开发文创产品种类超过 4 万种。这些脑洞大开、创意十足、鲜活可爱、让人无法拒绝的文创产品逐渐成为人们爱上博物馆的新理由。在吸引大批游客走进博物馆、爱上博物馆的同时，这些具有文化内涵、实用性较强的文创产品可以满足游客的精神文化需求，向游客传播文化知识，极大地提高自身的产品附加值，打造具有特色的超级文化 IP，提升博物馆知名度和影响力，从而实现社会效益和经济效益平衡发展。

（三）坚持融合共享发展要求，促进资源有机整合

文化和旅游融合发展是社会发展的必然要求。博物馆与旅游融合不仅可以加强博物馆与社会各相关职能机构组织的沟通合作，深入了解游客不断变化的具体需求，在此基础上举办不同类型的展览展示，还可以通过文创产品开发和“以展带会、以会促游”，在公共服务领域实现资源的软融合和产业发展的强融合。

博物馆和旅游融合某种程度上是博物馆文化与城市文化旅游的融合。博物馆作为重要的旅游吸引物，在塑造城市形象、深化旅游文化内涵、提高旅游开发收益方面发挥着明显而有效的作用。城市文化的发展催生了博物馆，博物馆彰显了一座城市的底蕴，丰富着城市的文化修养。发展好博物馆旅游事业，对于提升城市文化软实力和影响力具有重要作用。这就要求博物馆旅游要不断创新发展模式，跳出博物馆场域环境，纵深推进“大融合”，逐步实现博物馆与旅游、文化遗产保护、工业、现代服务业等跨界全要素的深度聚合与重组，相互促进、相互融合、相互宣传。

（四）坚持科技引领发展策略，推进智慧化、智能化体验

科学技术是第一生产力，博物馆走向技术驱动时代已是必然。产品的研发、品牌的培育、业态的创新，都离不开科技的力量。随着互联网的快速发展和信息化时代的到来，观众对展览数字化和知识深度的要求不断提高，博

物馆逐渐成为文化知识的生产者、时代风尚的见证者和先进技术手段的应用者。这就要求博物馆旅游必须按照国家文物局关于建设智慧博物馆的要求，打破时空限制，走出博物馆“围墙”，利用互联网、物联网、云计算、大数据、虚拟现实、移动通信等技术，构建以全面透彻的感知、宽带泛在的互联、海量互动的数据、精细准确的运算、智能融合的应用为特征的博物馆发展新形态，实现藏品、环境、人员信息的“耳目通达”，文化知识传播的“善解人意”，观众服务的“无所不在”，让博物馆能“说话”、说“文化话”、说“旅游话”。通过推进智慧化、智能化体验，不断调动观众口味、激发观众兴趣、增强观众黏性，留得住观众的人、进得了观众的心，让博物馆旅游“洋”起来，让游客融入“嗨”起来，把第一生产力的作用充分展示出来。

（五）坚持现代营销发展思路，提高讲好故事的能力

市场营销是博物馆整体内容的重要组成部分，对于博物馆事业的发展具有重要的促进作用。今天，博物馆观众呈现多元化的特征，博物馆市场营销也必然出现多样化的趋势。[①] 现代营销，一是媒介，二是思路。传播学大师麦克卢汉说：“媒介是社会发展的基本动力，也是区分不同社会形态的标志，每一种新媒介的产生与运用，都宣告我们进入了一个新时代。”[②] 在媒体融合新时代，博物馆想要获得更高的关注度，吸引更多的游客，产生更大的“流量”，既要重视传播手段的建设和创新，还要根据观众需求主动调整运营方式，积极回应观众，更要学会讲故事，优化营销思路，培育一批复合型的博物馆旅游人才，主动突破常规、“晒”出宝贝，让博物馆和博物馆资源“火爆媒体”“火爆观众”，主动营造良好的运营氛围。以北京故宫博物院为例，近年来，《我在故宫修文物》、《如果国宝会说话》、《国家宝藏》、《上新了·故宫》及《鉴宝》等文博类节目的热播，不仅将“博物馆热”

① 单霁翔：《博物馆市场营销是一把“双刃剑”》，《故宫博物院院刊》2014 年第 4 期。

② 诸丽琴：《我国国家领导人新媒体媒介形象传播研究——以人民网历年“两会”温家宝总理记者招待会为例》，硕士学位论文，苏州大学，2012。

从线上带到了线下，还促进了观众观念的转变，“故宫跑”成为时尚，点燃了社会公众对文物鉴赏和博物馆参观的热情，掀起了博物馆旅游的热潮。“博物馆热”还带动了“文创产品热”、“古董收藏热”和“古玩淘宝热”等热潮，引发了强烈的市场连锁反应。

博物馆是公共文化服务体系建设的重要内容，是保障人民基本文化权益的重要阵地。对于博物馆旅游来说，市场营销是一把“双刃剑”，它既对博物馆的运营和发展起到积极的推动作用，同时使博物馆面临商业化的威胁。因此，博物馆在营销时需牢记基本使命和任务，把握正确的理念和尺度，以内容为支撑，以科技为手段，深挖隐藏在文物背后的人文精神，不断提高讲好中国故事的能力。

五　启示与展望

新时期博物馆旅游要有新变化，更要有新作为。不可否认的是，文化要素逐渐成为对旅游者产生吸引力的核心要素，博物馆旅游之所以潜力无穷，是因为博物馆和所藏文物本身的价值较高，更重要的是其背后所蕴含的人文精神、文化故事、文化基因和具有当代价值的文化精神。发展博物馆旅游是振兴博物馆文化、城市经济与城市文化的共同需要和必然选择。

2018 年是文旅融合元年，站在时代的大风口，政府将全面聚焦实施路径，出台更多的指导性文件，完善博物馆建设体制机制，提高博物馆资源利用效率，促进博物馆与旅游在理念、产业、市场和服务等领域的深度融合。各文博单位将携手共进，不断探索文旅融合新路径，打造文旅融合新产品，寻求文旅融合新突破，满足文旅消费新需求。未来，博物馆旅游将大有可为、大有作为，应坚定文化自信，期待博物馆旅游在科学研究领域不断深化发展，在全要素资源方面深度聚合与重组，在培育弘扬社会主义核心价值观和满足人民群众对美好生活的新期待等方面发挥重要作用。

文化馆发展中的社会化运营思考

陆丽明*

摘　要： 如今，政府购买服务已经成为常态，文化馆作为公共文化基层服务单位，为满足群众日益增长的文化服务需求，积极利用社会力量，补充人力、物力、空间、资源等方面的不足，提高公共服务质量和效率，扩大服务人群，助推公共文化服务体系建设。但在购买服务和委托运营的过程中，不可避免地产生了一些问题，需要进一步探索和改正，以期更好地服务广大人民群众。

关键词： 文化馆　社会化运营　公共文化服务

随着公共文化体系建设的大力开展以及人民群众对精神文化需求的快速增长，公共文化供给与需求之间不对等、不平衡的矛盾日益凸显，公共文化服务水平、服务质量、服务效率、优质公共文化产品的供给亟待改善和提高。为满足群众日益增长的精神文化需求，扩大公共文化服务覆盖面，2015年，文化部、财政部、国家新闻出版广电总局、国家体育总局联合颁发的《关于做好政府向社会力量购买公共文化服务工作的意见》，对政府购买公共服务的内容、方式、主体、资金等做出指引性要求。文化馆作为政府设立的、为群众提供文化服务的基层单位，近年来也在积极吸收民间力量，将社会力量引进公共文化体系建设，构建更加完善成熟的公共文化服务体系，满足数字时代、网络时代群众的多样化文化需求。

---

* 陆丽明，博士，海淀区文化馆馆员，主要研究方向为文化馆建设、数字化服务、文化志愿服务等。

一　当前文化馆委托运营与购买服务类型

购买服务并不是一个新鲜的名词，20 世纪 70 年代，西方主要发达国家兴起行政改革运动，将政府的一部分公共服务事务外包给社会力量，并明确约定双方的权利和义务。20 世纪 90 年代，中国很多地方也开始进行相关探索。2000 年，上海率先试行购买服务，依托社会力量开展居家养老试点。此后，政府购买服务逐渐进入劳动就业、住房保障、公共文化、环境治理、城市维护等诸多领域。文化馆作为基层文化事业单位，也在积极引入社会力量服务群众，活跃和丰富群众业余文化生活，提升群众文化素养。当前文化馆委托运营和购买服务主要有以下几种类型。①

（一）文化场馆的运营与管理

2015 年，中共中央办公厅、国务院办公厅出台的《关于加快构建现代公共文化服务体系的意见》指出，“创新公共文化设施管理模式，有条件的地方可探索开展公共文化设施社会化运营试点，通过委托或招投标等方式吸引有实力的社会组织和企业参与公共文化设施的运营”。《公共文化服务保障法》也鼓励公民、法人和其他组织依法参与公共文化设施的运营和管理。为进一步提升公共文化服务效能，解决文化事业单位编制短缺的问题，很多文化馆积极引入社会力量，让其参与文化馆场馆、设施等的运营和管理。比如北京市海淀区北部文化中心从 2016 年至今一直采用短期合同的形式购买服务，委托专业团队运营。该中心自开馆以来，充分发挥企业执行力强、效率高、机制灵活的特点，创新服务模式，加大文化供给，促进文化服务效能提升，满足了一方居民多样化的文化需求，使场馆成为周边居民休闲、娱乐、放松的理想场所。另外，为解决场馆不足与群众需求旺盛的矛盾，很多

① 刘雨佳：《西方国家政府购买公共服务的历史发展及对我国的启示》，《经济研究导刊》2016 年第 7 期。

文化馆盘活地方优质资源，扩大群众文化活动阵地，积极与社会文化空间（如非遗体验馆、艺术综合体、书店、美术馆等）合作，以购买服务的方式将其纳入公共文化服务体系，以弥补政府公共文化场馆的不足，联合打造具有鲜明特色和人文气息浓厚的新型文化空间。

（二）打造数字文化馆及数字文化产品供给

随着网络技术的飞速发展，群众获取信息的方式和途径发生了深刻变化，传统的文化服务阵地和静态服务模式已不能满足群众多元化的文化需求。为适应数字时代的文化需求，加强数字中国建设，很多文化馆在建设数字文化馆或积极利用各种网络平台开展线上线下相结合的文化服务，但文化馆人员力量有限、专业人才不足，因此很多文化馆聘请有实力的公司负责建设、运营和维护数字文化馆，运营新媒体平台，开发制作数字文化产品，对网络安全进行监测和故障排查，对网络突发性事件做出响应和处理，为群众提供多样化的数字文化产品和服务。

（三）文化活动的组织及承办

传统上，文化馆各项活动的组织、承办都由文化馆工作人员负责，但随着群众需求的多样化，仅靠文化馆工作人员是远远不够的。文化馆人才有限，所能提供的活动资源有限，满足不了群众多元化、个性化的需求，所以需要将部分或全部演出任务交由专业团队进行。如一些文化馆一年要开展上百场文化演出，放映公益电影数千场，这么多演出任务和活动量仅靠文化馆一己之力肯定是无法完成的，覆盖的群众也非常有限，需要聘请演出团队来承担，而文艺团队一般有较成熟的节目，有自己的演员、主持人，布景搭台人员、演出车等一应俱全。文化馆只需告知时间、地点，按照演出场次付费，就可以覆盖更大人群，惠及更多百姓。

（四）文艺辅导培训师资的购买

随着群众文化需求的增多，文化馆每年都要开设大量的文艺辅导培训班，需要线上线下、直播录播同时开课，此外还要开展大量公益讲座活动。比如有些文化馆一年要举办1000场讲座，培训十几万、几十万甚至上百万人次的群众，这么庞大的数量，仅靠文化馆区区十几个业务干部是无法实现的。因此，有些文化馆是业务干部担任部分辅导课老师，但大部分课程需要由专业老师、文化志愿者来承担。有些文化馆培训课老师则全部采用外包形式，所有课程全由外聘人员担任老师，本馆业务人员只起到管理和监督作用。

（五）非遗项目的交流、推广、传承和展示

随着非遗保护工作的逐步推进，有些文化馆每年都会组织非遗项目进学校、进社区等进行展演、展示，或到其他省（区、市）开展文化交流，所进行的文化活动，不仅需要向传承人支付一定的报酬，还会产生宣传、搭台、布景、视频制作等方面的费用，需要向第三方公司支付，这些都由政府买单。

此外，为了更好地向人民群众提供服务，文化馆可能还需要向社会购买其他服务，如电影的放映，馆办刊物的编辑、印刷、发行，文艺作品的创作、演出、宣传，广告的制作，原创作品的辅导，课程和活动视频的录制，这些都需要社会力量的参与。可以说，社会力量已经渗透到文化馆文化活动的方方面面，形成了你中有我、我中有你，互惠互利的伙伴关系。

二　文化馆在委托运营与购买服务方面存在的问题

（一）需求与供给没有做到精准对接

作为基层群众文化服务单位，每个文化馆都开展了大量的文艺活动和文艺辅导服务，在活跃和丰富地区人民群众文化生活方面做出了很多努力，但在购买服务过程中存在需求与供给没有完全精准对接的问题。尽管每个文化馆都强调提供订单式和菜单式文化服务供给，但现实与理论之间还存在一定的差距。比如部分文化馆聘请老师做讲座，但在举办讲座之前并没有对群众

的需求展开调查，不清楚老师讲课效果是否达到群众的要求。有时候的确能聘请到知名专家来授课，群众慕名而来，却没有达到预期效果，这与文化服务的初衷是相背离的。

文艺演出下基层也是如此，很多文化馆为了完成指标，在聘请文艺团队时缺乏考量，没有针对群众需求，也没有对团队的背景、资质、节目内容等进行调查评估，有的团队常年在基层演出，节目内容却千篇一律，从一个社区演到另一个社区，从一个活动唱到另一个活动，今年演、明年演，节目单几年甚至十几年都不换，比如一个名为“欢声笑语”的相声接连演了十几年。如此这般，观众必然会产生审美疲劳。甚至有的节目内容格调低下、演出效果不佳，观众寥寥无几。这就造成资源的极大浪费，群众的基本文化权益也得不到保障。①

（二）缺乏规范严格的管理机制

尽管购买服务已经成为一个常态，但很多文化馆在这方面的制度建设还比较薄弱，缺乏规范严格的采购制度，在购买服务时随意性较大。在购买前没有做好充分比对、调研和评估就签订购买合同，容易出现问题或服务质量达不到预期的效果，造成资源浪费而群众却不满意的情况，甚至还有可能出现违法乱纪行为。此外，由于有的文化馆工作人员不了解市场，在购买服务时还存在价格偏高、质量较差、活动效果没有达到预期等情况。

（三）对购买主体缺乏信用档案记录

由于缺乏成熟规范的制度，部分文化馆没有对购买主体的资质进行调查研究就仓促购买，资质较差的团队、组织甚至不能深刻领会服务主旨，花了钱却没有达到预期效果，甚至还有可能歪曲服务主旨，在服务中弄虚作假，出现服务转包、冒领财政资金等现象。文化馆人员缺乏对购买主体信用档案的记录和跟踪，也没有对服务对象的服务满意度进行调查，在这样的情况下

① 潘兴子：《政府购买公共服务研究》，硕士学位论文，东北财经大学，2011。

依旧接二连三地购买，不仅造成一定的资金浪费，甚至对群众的利益造成一定的损害。

（四）监管力度不够，缺乏绩效评估体系

当前很多文化馆在购买服务方面监管力度不够，缺乏绩效评估体系。如聘请文艺团队演出，在没有确定其表演水平、不了解演员的背景等情况下，就谈好价钱、签订合同甚至提前支付报酬，至于演出效果好坏、群众喜不喜欢则不做评估。有的第三方公司虽与文化馆签订了购买合同，服务质量却没有达到要求，在服务过程中缺乏温度，没有将文化馆的服务理念准确传达给群众，甚至造成群众对文化馆的误会和不理解。在演出和授课过程中，有时文化馆工作人员并不在场，无法把控演出和授课内容，如果没有做好引导和监管，容易引发一些负面舆情；活动后也没有征求群众意见，没有对群众的需求和满意度展开调查，缺乏绩效评估。

（五）缺乏奖励、培育机制和绩效评价结果公布

在购买服务方面，还存在很多问题，如聘请的老师有的名气大，出场费、讲课费很高，但是并不一定名副其实；而有的老师虽然名气不大，但了解群众的特点，会讲课、服务态度好，受到群众欢迎，但是他们的报酬较低。文化馆对表现好的公司、团队和个人并没有相应的奖励制度，也缺乏培育机制，加上报酬低，很难请到高水平的人来演出、教课或做讲座，造成活动档次较低、群众满意度不高的现象，文化馆的演出、培训等只能在低水平线上徘徊。此外，有的文化馆虽然开展群众满意度调查，让群众对授课教师的水平、讲课效果、演员的演出效果等进行评价，但评价结果并不对外公布，也不作为是否继续聘用和薪酬发放的考量因素，调查形同虚设。

（六）社会服务的过度购买与人力资源的浪费

尽管社会力量在公共服务供给方面扮演着非常重要的角色，对公共

需求变化能够做出迅速反应，提高了公共文化服务水平，扩大了文化服务产品供给，也减轻了政府的负担，但是当前很多文化馆在购买服务方面存在极大的偏差和反常现象。一些文化馆确实非常积极地引进了社会力量，将演出、培训辅导、电影放映等文化馆的职能全部或大部分外包，这种过度的外包在让群众享受便利、多样化的文化服务的同时，也对文化馆人力资源造成了闲置和浪费。由于全部或大部分业务被外包，原本上台演出、上台讲课的专业人才被闲置，馆内只需少量管理人员进行监督和管理，很多业务干部长期离开讲台、舞台，导致业务荒废。长此以往，人浮于事、效率低下、人力资源浪费等现象将会严重阻碍文化馆的发展。

三　文化馆购买服务的探索与思考

将社会力量引入公共文化服务体系已经是大势所趋，为了向群众提供更优质、更高效、更多样的文化服务，购买服务需要转变观念、改进工作方法，切实把创新、协调、绿色、开放、共享的五大发展理念融入工作。

（一）选定、把握好购买的项目和内容

为更好地满足群众多样化的文化需求，充分发挥社会力量，让所有人共享文化发展的红利，在购买服务时应选定并把握好购买的项目和内容。一方面，可聘请专家学者、群众代表及相关机构，与馆员一起对购买的服务项目进行科学论证；另一方面，做好群众需求调研，建立群众需求反馈机制，把购买公共文化产品的选择权、决定权最大限度地交给群众，在充分了解群众需求的基础上，打造既满足群众文化需求、符合政策导向，又具有地区特色、能发挥引领作用的项目。如在对非遗项目进行扶持时，可以让每个团队自我结对，保证每个团队至少有一个非遗项目参加演出，以此促进对非遗的硬性保护和发展。对于选定的文艺剧目，强调原创比例，特别是对能讲好本地区故事的内容提出比例要求。此外，还要兼顾公共文

化服务多样化、差别化原则，根据需求和反馈情况对购买的项目及内容进行动态调整。①

（二）了解服务承接方的资质和业务水平

服务承接方的资质决定服务质量和服务水平的高低，直接影响文化馆的声誉以及群众满意度，因此在购买服务前，应疏通购买渠道，挖掘、培育、扶持一批社会文化组织，激发社会力量参与公共文化服务的热情。馆内应建立一套评估反馈机制，在充分了解承接方的基础上，选择有资质、符合标准、热心服务群众的社会组织和个人，且这些组织一定要有专业人员来做专业的服务，要熟知群众文化活动的普遍规律，具备相应的专业级别。此外，馆内要建立信用档案，规范购买体系，对潜在的、拟购买或购买过服务的组织和个人进行登记。将那些不履行服务合同、资质较差，甚至造成社会重大恶劣影响的组织和个人，列入政府购买服务的黑名单。

（三）引入良性的竞争机制

有竞争才能提高服务质量和服务效率，在购买文化服务项目时，应引进竞争机制，遵循“以最少的经费获得最大的效果”的原则，组织专家委员会，采用招投标等方式，提高各个环节参与者的积极性、诚信度，必要时请各乡镇派代表参与竞标单位的评比，各竞标单位拿出最拿手的节目让群众选择，避免不符合条件的组织或个人进入，营造良性的竞争氛围，做到公开、透明和公正。对于文化馆而言，要加强对当地社会团体的指导和扶持，将它们培育成具有一定公共文化服务素质和水平的政府购买潜在对象；加强对社会文艺团体的业务指导，进一步壮大公共文化服务队伍。

（四）加大监管力度并完善第三方评估体系

文化馆应有一套完善的相关制度，如招投标、监督、评估制度。在采购

---

① 纪瑶：《政府购买服务项目绩效评价研究——以 2020 年度政府购买服务项目为例》，《办公室业务》2022 年第 20 期。

环节，按照规范的招标采购制度，组建招投标采购小组，公开政府招标采购的标准、内容、运作程序等，保障招标采购的客观公正；建立群众需求反映机制，收集各方面的需求信息，尽可能地将群众喜闻乐见的公共文化服务纳入购买内容。购买后要进行跟踪、监管和评估检查，委托有资质的专业机构评估服务效果。绩效评价结果向社会公布，作为以后选择购买对象的重要参考依据。①

（五）有导向地培育有特色的团队和剧目

有针对性地扶持本地区有特色的各种文艺团队，打造能代表本地区最高水准的剧目。通过购买服务，把文化馆的工作导向传递给社会大众，鼓励群众广泛参与文化服务；通过创新方式和原创剧目，把本地区的故事讲好，向社会传递正能量；创造协调的人文环境，构建和谐的人际关系，维系社会和平与稳定；以可持续的绿色发展为基调，培育深入人心的文化基因，并一代代传承下去；通过公开、公平、公正的采购方式，积极吸收民间力量，对馆舍、设施及部分文化项目等进行改造运营，打造开放的文化服务队伍，向社会专业团体和民间力量延伸并与之对接，将社会力量引进公共文化体系建设，构建更加完整成熟的公共文化服务体系，让大众共享通过方式创新、自我服务带来的更高水平的文化服务成果。

（六）充分调动文化馆工作人员的积极性和主动性

购买服务只是将原本属于政府的一部分职能通过外包的形式交由社会机构完成，服务外包不是代替文化馆工作人员的工作，更不是将人才闲置，而是优势互补、相得益彰，共同促进公共文化服务水平和服务质量的提高。在这个过程中，要厘清服务外包的边界和红线。文化馆工作人员要发挥主导作用，积极引导社会力量更好地为群众服务，用自己的专业优势为社会力量做出表率。为调动文化馆工作人员的积极性、主动性和创造性，馆内要有一套

① 王海燕：《公共文化服务社会化运营的探索与实践——以北京北图文化发展中心社会化运营为例》，《新阅读》2020 年第 9 期。

完善的人才监督、管理和激励机制。在进行岗位安排时，要充分考虑每个人的特长和工作意愿，让善于教课、喜欢表演的人发挥他们的价值，让优秀的人才脱颖而出，对贡献突出的文化馆工作人员给予物质和精神奖励，让每一个人都能为社会做贡献，拥有实现自我价值的荣誉感、幸福感。

国外公共文化发展经济政策研究

魏鹏举*

摘　要： 本报告对美国、法国、英国、德国、澳大利亚等国家的公共文化发展经济政策及其特点进行了梳理分析，认为国外公共文化发展经济政策的核心特征在于分权与合作、“一臂之距”的财政投资管理模式、重点突出和兼顾多元化以及重视非营利性文化部门的经济贡献。对我国而言，需要重视立法，健全文化领域的法律法规；完善公共文化资金投入方式，提高财政资金的有效性；规范公共文化投入的财政预算安排，突出支持重点；发挥财税政策的引导和示范作用，鼓励社会力量参与公共文化建设。

关键词： 公共经济学　公共文化　社会公共事业

一　研究的学理基础

本报告对国外公共文化发展经济政策实践的比较研究，是以二十国集团（G20）为基础，再结合资料的可获得性①，确定国外相关公共文化发展经济政策具体研究对象。

---

* 魏鹏举，中央财经大学文化经济研究院院长、教授、博士生导师，龙马学者特聘教授。兼任中国文化产业管理专业委员会副会长，清华大学文化创意发展研究院学术委员会副主任、研究员，北京大学文化产业研究院研究员，当代北京文化发展研究中心主任，首寰文旅研究院名誉院长。受聘国家公共文化服务体系建设专家委员会委员，文化和旅游部“十三五”“十四五”规划专家委员会委员。

① 各国政策资料梳理重点采纳了《山东图书馆学刊》中刊载的北京大学李国新教授社会科学研究重大课题的系列研究成果。

本课题研究基于公共经济学（Economics of the Public Sector）理论，公共经济学主要研究公共领域及公共品供给与需求等方面的经济学问题。公共经济学所要研究的内容，不仅包含一般政府部门的经济活动，也涵括社会主义体制下的经济关系变革与市场失灵等问题，当然也要探讨各类非营利性事业单位、社会企业、民间社会团体、国际组织等的经济活动及规律。对于享有这种文化成果和接受这种文化认同的不同范围的群体来说，文化成果具有典型的经济学所谓的公共品（Public Goods）特性。在国家层面，非营利性文化部门是财政必须考虑的关乎文化保护、文化创造以及文化认同的社会公共事业，有相应的公共文化发展经济政策予以支撑，因此构成了不同国家公共文化发展经济政策比较的学理基础。

二 各国公共文化发展经济政策及其特点研究

（一）美国的公共文化发展经济政策及其特点

受文化传统和经济自由主义的影响，美国政府对于文化发展采取“不干涉”态度。国家不设置文化行政管理部门，也不干涉文化的传播与交流。国家支持文化事业主要体现在对艺术机构、艺术家的私人捐赠和赞助等实行免税，以及政府通过政策法规为文化发展营造良好的发展环境和提供有效的法律保障。

在公共文化运行方面，美国联邦政府主要通过市场机制将公共服务输出市场化，实现政府权威与市场交换功能优势的有机结合。在管理方面形成一种以特殊的“调整”概念为中心的干涉主义。

在公共文化资助方面，美国政府主要通过完善支持文化事业的经济规划和政策，通过法律支撑，利用市场竞争来实现政府对文化事业的宏观调控，使各种艺术形式和艺术团体在公平竞争中优胜劣汰，促进文化事业繁荣。

1965 年，美国国会通过了第一部支持文化艺术事业的法律《国家艺术及人文事业基金法》，创建了美国历史上第一个致力于艺术与人文事业的机构——国家艺术基金会与国家人文基金会，其代表政府向文艺团体和艺术家提供财政和技术援助，帮助它们发展艺术事业，保护美国的文化艺术传统。

（二）法国的公共文化发展经济政策及其特点

法国与公共文化相关的法律非常多，总共分为三个层次：一般立法、文化立法和部门立法。《法兰西第五共和国宪法》保障公民的基本文化权利，确保每个公民都能平等、自由地享受法国国内及国外的优秀文化成果。此外，文化领域享受税收减免的待遇，针对艺术家和作家，法国实施一种专门的社会保障。文化立法主要针对文化领域，涉及考古学、建筑学、档案学、视觉艺术、文化与联络部作用与组织结构、视听、文化产品、电影等 25 个领域。针对不同领域的特点，法国出台了具体的法律条文。部门立法主要是某一具体文化部门订立的法律，涉及视觉艺术和应用艺术、表演艺术和音乐、文化遗产等多个部门。

100 多年来，法国文化艺术事业的发展主要靠政府推动。2007 年法国总统萨科齐上任后，提出彻底修改现行赞助机制，加大社会赞助文化的力度。2008 年 4 月，法国文化部部长提出“重振法国艺术市场计划”。[①]

法国规定有关文化赞助的法律实施必须遵守“公益性”和“鼓励私人赞助积极性”这两项基本原则。为避免文化机构违规操作和对法律条文的理解产生偏差，法国文化部与有关各方研究制定了《文化赞助宪章》。[②] 法国政府还通过建设《企业参与文化赞助税收法》《文化赞助税制》《共同赞助法》等一整套文化赞助税制体系，鼓励企业参与文化赞助活动。[③]

---

① 王眉：《从收藏〈逃亡埃及〉谈起——法国鼓励社会赞助文化的新动向》，《中外文化交流》2009 年第 3 期。

② 刘望春：《法文化部部长：让企业赞助来得更猛烈些》，《中国文化报》2013 年 5 月 16 日。

③ 王列生、郭全中、肖庆：《国家公共文化服务体系论》，文化艺术出版社，2009，第 277 页。

（三）英国的公共文化发展经济政策及特点

"一臂之距"（Arm's Length）原指在队列中与前后左右的伙伴保持相同的距离。该原则最先被引用在经济领域，当这一原则被运用到文化领域时，则是要求国家对文化采取一种分权式的行政管理体制。从对文化的集中管理到分权管理，这是"一臂之距"原则的基本要义，即为避免直接干预文化艺术创作活动，防止资金分配上的政治影响，中央政府采取经由中间环节拨款的方式，把资金间接地分配给艺术组织或艺术家。

采用"一臂之距"管理机制的优势体现在以下四个方面：一是减少了政府机构的行政事务；二是有利于文化领域的检查监督，进而有效避免腐败的滋生；三是避免政府过多的行政干预，从而使文化发展尽可能地保持其延续性；四是由此产生的独立自由的氛围，从根本上有利于实现文化的发展和繁荣。英国的文化产业和文化事业均在过去十年间发展迅速。

（四）德国的公共文化发展经济政策及特点

德国文化相关法律基于联邦的国家组织形式，原则是权力下放。联邦宪法保障艺术自由，这给予艺术文化机构充分的自主权进行自我管理，同时使各个州能够自由制定各自的文化相关法律，联邦宪法对各州法令进行保护和调节。①

德国联邦宪法中的一个条款涉及文化与艺术，即"艺术、科学、研究和教学应当是自由和免费的"（德国联邦宪法，条款 5. Ⅲ）。在德国，从联邦到州政府层面，在文化的各个专门领域，如文献与图书馆、著作权、文化遗产、表演艺术与音乐、电影、广播、电视等，都有专门的立法规定。文化方面的相关政策没有形成专门的法律，而是分散在许多法律规定中，包括联邦宪法、州宪法、市县法典，以及一些与文化事务相关的规定。另外，德国文化相关法律也受国际法律规定的限制。

① Cultural Policies and Trends in Europe：Germany，http：//www. culturalpolicies. net.

（五）澳大利亚的公共文化发展经济政策及特点

澳大利亚联邦政府至今共出台过两部全国性的文化政策文件，一部是1994年颁布的《创意国度》（Creative Nation），另一部是2013年3月颁布的《创意澳大利亚》（Creative Australia）。两个政策文本都对澳大利亚全国文化发展的各个领域进行了全面规划，其核心都紧密围绕提高和营造澳大利亚的文化创意水平和文化创新氛围，主要目的是通过发展澳大利亚的文化来推动其经济的不断发展。

1994年澳大利亚出台了“创意国度”发展战略。这一战略的出台标志着澳大利亚不单单要推广和促进文化艺术的发展，同时强调用文化创造财富。在对艺术家和创意工作者的资助方面，覆盖面较为广泛的项目是由澳大利亚艺术委员会（Australia Council for Arts）提供的资助项目。在文化艺术教育方面，澳大利亚的文化艺术教育特别鼓励对学生创新能力的培养。在文化外交和文化出口方面，澳大利亚国际文化委员会（Australia International Cultural Council）是主要负责文化外交的组织，具有促进澳大利亚旅游、教育发展以及增强澳大利亚文化出口等多项功能。①

（六）埃及的公共文化发展经济政策及特点

埃及的文化宫制度形成于纳赛尔统治时期的1959年。通过包括文化宫在内的一系列埃及国家文化机构的努力，埃及成功地培育了一批能够适应新技术和新官僚体制的民众。随着萨达特的继任，埃及逐渐落于宗教的控制之下，尤其在媒体和教育领域，宗教势力更是占据了主导地位，埃及的文化宫、博物馆和剧院的条件日益恶化。为了与宗教势力争夺话语权，埃及的文化宫组织在1989年有了新的发展。1989年的第63号总统令通过成立埃及文化宫总管理局，并赋予了埃及文化宫系统更高的管理权。文

① Department of Foreign Affairs and Trade. Australia International Cultural Council. http：//www. dfat. gov. au/aicc /.

化宫总管理局展开了一个雄心勃勃的计划——在全埃及建立数百所文化宫（以及较为简单的文化站），并扩展它们的活动项目。文化宫的官员始终坚持文化是社会发展和现代化的重要工具，这些官员和知识分子不仅希望能让民众摆脱愚昧和无知，也希望能帮他们戒除那些低俗的行为，从而使民众变得更文明。

（七）爱沙尼亚的公共文化发展经济政策及特点

促进民族融合和国家认同是爱沙尼亚各方面政策的重要立足点，这些也反映在文化领域中。1992 年的《爱沙尼亚宪法·序言》将保存爱沙尼亚民族和历史文化列为国家的重要功能之一。政策集中模式与文化领域私有化进程之间的矛盾，是爱沙尼亚文化政策的另一个显著特点。机构导向型也是爱沙尼亚文化政策的重要特点。

爱沙尼亚的“一臂之距”原则执行得并不彻底，只是对政策集中模式的补充和调剂，并不能真正达到分权的目的。另外需要指出的是，随着公民社会的发展，私有化与集中模式之间的矛盾引发更多的讨论和关注，集中模式的文化政策更加朝着分权的方向发展。

（八）奥地利的公共文化发展经济政策及特点

奥地利联邦教育、艺术与文化部（Bundesministerium für Unterricht, Kunst und Kultur，BMUKK）于 2007 年成立，负责文化、艺术、教育及学校事务。BMUKK 的管理体制可分为联邦级、州级和地方级三个等级，在各自负责的内容上有不同侧重。

奥地利当前文化政策关注的主要内容：第一，艺术促进体系；第二，文化遗产问题——博物馆改革；第三，创意产业的界定；第四，促进民族文化多样性；第五，多语言发展；第六，媒体多元化与内容多样性；第七，国际文化间的对话；第八，社会凝聚力问题；第九，文化部门的雇佣政策；第十，性别平等；第十一，文化艺术领域的新技术和数字化发展。

奥地利文化的特点：第一，政治因素对奥地利文化影响深刻；第二，艺术在文化中占有重要地位；第三，文化与教育结合紧密；第四，注重国际文化交流。

（九）比利时的公共文化发展经济政策及特点

比利时的公共文化政策内容丰富，涉及跨文化交流、文化参与、文化多样性和包容性、文化创新、文化支持、数字文化、生态文化、艺术教育和跨文化教育、业余文化等方面。

1973 年通过的《文化协定法案》（Cultural Pact Act）是比利时联邦立法最基本的部分，也是各个文化社区立法的基础。1994 年通过《比利时版权法》（Belgian Copyright Act），2004 年 4 月 2 日通过《艺术法令》（Arts Decree），此外还有《文化遗产法令》等。比利时具体文化部门的立法涉及视觉和应用艺术、表演艺术和音乐、文化遗产、文学和图书馆等领域。

2003 年 7 月 1 日，《艺术家社会法规》（The Social Statute for Artists）生效，在这部法规下，艺术家被看作雇员或个体经营者，享受社会保险，艺术家子女的补贴和假期津贴由联邦政府支付。

（十）荷兰的公共文化发展经济政策及特点

1993 年，荷兰议会通过了新的《文化政策法案》。1994 年，荷兰的公共福利、卫生和文化部更名为教育文化和科学部（以下简称“文化部”），至此荷兰的文化事务开始由专门的中央政府部门负责。这一时期，荷兰政府对文化机构的资助政策变为财政激励政策，其文化财政政策更加严谨并日趋市场化。进入 21 世纪，荷兰的文化政策整体呈现积极稳定的特征，同时取得了不少突破。荷兰文化政策的基本原则是保持荷兰政府在文化艺术作品、活动、项目评价上的中立立场，可以称其为“中立性原则”。荷兰文化政策的总体目标是将荷兰建设成一个美丽、智慧、文明的国家。

荷兰文化政策主要有以下特点：第一，计划管理体制；第二，注重荷兰民众在文化艺术活动中的参与；第三，注重文化发展的多样性；第四，注重市场经济理念在文化发展中的培植；第五，优先国家政策。

（十一）丹麦的公共文化发展经济政策及特点

丹麦艺术基金会以资助丹麦文化艺术的国内外交流与繁荣发展为己任，依法接受国家财政拨款，代表政府履行艺术资助职能。艺术基金会设有艺术家代表委员会、专门委员会、协调委员会，对艺术管理事务实行“专家评审、民主治会”运行模式，与政府保持“一臂之距”。与艺术基金会并行、以资助文化艺术发展为目的的还有丹麦艺术委员会，其主要职能是支持文学、表演艺术、造型艺术和音乐的发展，并向公共机构提供相关咨询服务。

为了有效承接政府赋予的艺术资助职能，同时与政府保持“一臂之距”，丹麦艺术基金会确立了“专家评审、民主治会”模式，通过建立 1 个艺术家代表委员会（Repraesentantskab）、12 个专门委员会（Udvalg）和 1 个协调委员会（Bestyrelsen）等 3 种类型的专家委员会，切实履行艺术资助的评审、协调、监管等职能，借助艺术专家的力量很好地履行了艺术资助职能，为文化艺术的管办分离提供了良好的榜样。

（十二）瑞士的公共文化发展经济政策及特点

在文化发展方面，从宪法到文化领域的专门法，瑞士已经形成了一套行之有效的法律制度。《瑞士联邦宪法》（Swiss Federal Constitution）赋予了民众基本的文化权利，也明确了发展文化事业主要是地方的责任。联邦政府只在自然遗产、文物保护和电影三个方面有全国立法权和一定的管理权。瑞士各州拥有独立的立法权，因而各地区的法律制度也不尽相同。

为了加强特定文化领域的规范，根据《瑞士联邦宪法》，瑞士先后制定了相关专门法律。如图书馆、博物馆、文化遗产保护、电影、文化权益保护等领域的法律，构成了较为完整的文化法制体系。

瑞士议会于2009年底通过了《联邦文化促进法》(Federal Law on Cultural Promotion),意图加强联邦政府主导文化发展的能力。

(十三)印度的公共文化发展经济政策及特点

印度拥有丰富的文化艺术资源,文化建设历来受到政府的重视。除了国内文化艺术资源的开发与保护,印度文化部还十分重视与其他国家之间的文化交流与合作。在双边协议的指导和保障下,印度国家图书馆制定了国际书刊交换的具体实施方法,与其他国家的图书馆签订图书交换协议,逐渐形成了语言丰富的外文书刊馆藏体系,也奠定了印度国家图书馆发展成为国际书刊交换中心的基础。

《图书发行法》、书刊捐赠与交换政策、馆际书刊交换协议共同为印度国家图书馆发展成为国际书刊交换中心提供了强有力的法律与政策保障。

(十四)南非的公共文化发展经济政策及特点

南非从1969年的《国家文化促进法案》到1983年的《文化促进法案》[①],以及此后的多次修改,既反映了该国政治、社会的不断变化发展,也反映了南非促进民族、地方文化发展的策略变化。制定《文化促进法案》的目标主要是促进南非文化的保存、发展、培养和推广。通过发展和促进与其他国家的文化关系、为文化事务设立区域委员会、赋予部长一定权力来达到上述目标。艺术文化部部长的权力主要在全国范围内或具有全国影响的活动中行使。该法案在1995年的修改中,已经将实施权力下放到了各省,各省文化促进活动的实施由该省相应文化事务部门的部长负责。

(十五)立陶宛的公共文化发展经济政策及特点

立陶宛的《文化部战略规划(2009—2011)》中将战略目标表述为:

① Culture Promotion Act 35 of 1983. https://www.dac.gov.za/sites/default/files/Legislations%20Files/act35%20-1983.pdf.

促进艺术和文化的创造与传播；保护和推广立陶宛文化遗产，提升民众对文化生活的参与度，拓宽文化和公共信息的获得途径；为文化服务的发展提供财政资金和相关设施，以支持文化和艺术的多样性。

立陶宛已制定了多部法律对文化事业进行规范，包括宪法、各种部门规章以及文化领域的许多专门法律。对于文化领域内重点发展的内容，立陶宛都有相应的法律予以保障，例如文化遗产保护、地方分权的实施、促进创造力等。对于一些重要的文化机构如博物馆、图书馆、文化中心等，立陶宛也有相应的立法。

立陶宛文化领域的主要经费来源包括政府直接拨款和基金会拨款。由文化部和地市级政府负责经费拨付，财政部、教育与科技部、外交事务部等会向与文化相关的一些活动和项目提供资金。此外，媒体支持基金和文化支持基金也提供与文化相关的资金。

（十六）挪威的公共文化发展经济政策及特点

20 世纪 70 年代初，文化民主（Cultural Democracy）成为挪威新的文化政策目标，以文化政策和行政系统的去中心化为战略。大多数市政府成立了文化事务委员会，而且市政当局逐步委任文化事务长官及秘书。挪威文化政策的主要目标是提升艺术质量和促进创新、加强文化遗产的保存和安全性、提高丰富多样的文化设施在全体居民中的覆盖率。为实现文化政策目标，国家采取行政、法律和经济三种手段。

在行政方面，与其他北欧国家相似，挪威的文化政策既有集中的一面，也有分散的一面。在法律方面，挪威宪法中有两个条款与文化有关。此外，还有《著作权法》、《挪威语言理事会法》（1979 年）和 2007 年 8 月 1 日出台的新《文化法》。在经济方面，政府对文化艺术的财政支持发生在三个层次：国家级、郡级和市级。专项经费从国家预算直接拨付给受资助的个人、团体、项目和机构，或者间接地划拨给基金和文化机构，由后者根据实际需要分配。

（十七）葡萄牙的公共文化发展经济政策及特点

从建立文化部开始，葡萄牙的文化政策模式就倾向于干预主义的基调，随着社会发展和政府重组，中央文化主管部门的监管被逐渐削弱。在中央政府监管削弱的同时，葡萄牙的地方政府对于文化发展的管理职能进一步加强，这主要体现在地方分权的法律规定、地方财政支出的增加上。

葡萄牙在文化政策的制定和实施过程中，非常关注交流与协作。政府内部各个部委之间的协调和协作、国际文化推广过程中的交流与合作对其文化政策的实施和文化的发展起到了助推作用。

总体政策方针的重点主要集中在遗产保护、阅读推广、文化活动和文化设施的国家网络建设等方面。从 2009 年起，战略重点开始转向语言政策（在葡萄牙语国家共同体的背景下）、创意和文化产业，以及葡萄牙语艺术家和文化机构的国际推广。

（十八）瑞典的公共文化发展经济政策及特点

瑞典政府在文化政策中的主要责任是通过相关部委（主要是文化部）及相关机构协调和制定文化政策的长期规划。2007 年和 2008 年，瑞典文化政策委员会对文化政策进行了评估。2009 年，基于该委员会建议的政府文化法案被议会通过，该法案阐述了瑞典文化政策的目标。[①]

瑞典艺术委员会[②]是一个政府机关，其主要任务是贯彻落实由政府和议会决定的国家文化政策。瑞典艺术委员会是支持和发起国家、地区、自治市文化生活的代表，例如图书馆、博物馆和表演艺术中心之间的互动。其目的是维护和发展瑞典国家文化政策，促进文化多样性和文化供给在地理位置上的均等分布。

---

① Tobias HARDING. Compendium of Cultural Policies and Trends in Europe：Sweden. http：//www. culturalpolicies. net/down/sweden_ 112012. pdf.

② Swedish Arts Council. http：//www. kulturradet. se/en/In-English/.

（十九）西班牙的公共文化发展经济政策及特点

西班牙文化方面的事务除了交由中央文化行政组织负责，境内 17 个自治区政府所设立的文化局等其他地方文化行政单位也会负责，此外，附属中央与地方的文化机构团体也扮演着重要的角色。教育、文化暨体育部是西班牙的一个中央政府部门，主要负责提案和执行中央的教育、文化和体育政策。文化遗产的管理与保护由西班牙文化部负责，文化部拥有相关的下属部门。

西班牙宪法规定了政府在文化领域有保护历史、文化和艺术遗产的具体任务。西班牙政府于 1985 年 6 月通过《历史遗产法案》。在区域立法方面，批准《国家遗产法》范围内独立的《博物馆法》和《档案馆法》是目前的主要趋势。2004 年大选后，新文化部的目标之一是提高对历史文物的管理水平。为了实现这一目标，政府采取了各种措施。西班牙的大部分公共文化支出来自地方政府，中央政府和各地方政府对文化遗产保护的资金投入在所有公共文化领域中占比最大。

（二十）希腊的公共文化发展经济政策及特点

希腊宪法确立了民众拥有艺术表达的自由，国家有义务支持这种自由，保护文化环境，包括博物馆及各地区的文物遗迹。政府在文化遗产保护方面的任务主要是对有形和无形的文化遗产，包括希腊境内的各种文化传统的保护、保存和利用。在希腊，有关文化的法律分散在税法、劳动法、版权法、个人数据保护法等法令中。希腊政府一直尝试将这些分散的法律条目汇集。如今，关于文化遗产的法令较为集中地存在于少部分综合性法律之内。

希腊现阶段文化遗产保护的特点是：第一，采用统一综合的方法管理文化遗产；第二，保护与利用相结合；第三，赋予博物馆更多的自治权；第四，文化遗产保护与环境保护相结合；第五，推进文化遗产的数字化与网络化。

（二十一）匈牙利的公共文化发展经济政策及特点

匈牙利的公共文化事务主要由国家资源部（Ministry of National Resources）

负责，国家资源部下设的国家文化秘书处（State Secretary fcr Culture）是最高文化行政部门，管理具体国家文化事务。

匈牙利公共文化政策有以下几个特点。第一，中央统筹与地方分权的平衡。中央政府设置多个部门，从国家层面统筹管理文化政策制定、立法、经济、监督等问题，从战略意义上引导匈牙利文化传播、发展，扩大文化影响力。第二，充分考虑文化的多民族性和海外同胞利益。匈牙利公共文化政策不仅关注匈牙利主流文化，同时根据本国的多民族情况充分考虑少数民族人民的文化需求。此外，匈牙利十分关注海外匈牙利人的民族认同感与归属感。第三，对国家文化遗产的保存与管理。匈牙利通过立法保护，向文化遗产相关的博物馆、档案馆、图书馆提供经费支持。国家节日项目是匈牙利保存国家文化的代表性项目之一，目前匈牙利已形成一套较完善且可行性很强的国家文化保存、管理与发展体系。

（二十二）亚美尼亚的公共文化发展经济政策及特点

亚美尼亚共和国《文化基本法》的立法宗旨是：第一，保障和保护宪法赋予公民的权利，即言论自由、创作自由、参与社会文化生活的自由；第二，调节文化活动主体之间的关系，文化活动的主体是每一名公民；第三，定义国家文化政策原则和法律框架，即国家支持文化创作且保证不干涉创作过程；第四，建立法律保障体系，以保存、传播和发展亚美尼亚共和国文化资源。法律保障体系包括《亚美尼亚共和国宪法》、《文化基本法》及其他有关文化领域的法律和法令条文。

公民文化权利是公民各项基本权利之一，也是法律首要保障的公民权利之一。《文化基本法》规定了保障公民的文化权利。[1] 除此之外，该法律还规定文化财产的保存、保护和利用，应符合《亚美尼亚共和国宪法》和其他法令条文。文化财产是对文化资源的总称，包括文化遗产、图书馆、博物馆、档案馆和其他文化资源。创作者及创作者协会是国家文化财产的来源保

① Yulia Antonyan. Compendium of Cultural Policies and Trends in Europe, 15th edition 2014. http：//www. culturalpolicies. net/down/armenia_ 112013. pdf.

障，《文化基本法》对创作者及创作者协会给予法律支持。对外文化交流与合作对于传播本国优秀文化和促进世界文化融合与发展有着重要的作用，《文化基本法》为亚美尼亚共和国与外国法人、自然人之间的国际文化交流与合作提供保障。

（二十三）爱尔兰的公共文化发展经济政策及特点

2011 年 6 月 1 日，在爱尔兰政府重组的基础上，艺术、遗产和爱尔兰语部（Department of Arts，Heritage and the Gaeltacht）成立，替代了先前的旅游、文化和体育部，对爱尔兰的传统和文化遗产进行保护和展示。[①] 由于爱尔兰文化机构实行的是“一臂之距”管理模式，因此文化事务由下辖的艺术委员会负责，执行相应的文化政策。“文化爱尔兰”（Culture Ireland）于 2005 年发起，该委员会负责爱尔兰艺术在海外的宣传和推广。[②]

艺术委员会作为爱尔兰文化事务的执行机构，负责经费的筹措和分配，该委员会的经费主要来自财政部和国家彩票。慈善和企业捐赠是艺术委员会获取经费的又一来源。国家财政对文化事业单位的支出最多，其次是表演艺术。爱尔兰人对于艺术普遍抱有积极的态度，尤其重视艺术在教育领域的作用。

三　借鉴经验总结和政策建议

（一）国外公共文化发展经济政策核心特征

1.“分权”与合作

文化管理的“分权”，目的在于使各个地方根据自己的特点管理文化、扶持文化和发展文化，提高地方资助文化的积极性。在强调“分权”的同时，地方与中央、地方与地方、部门与部门之间的“伙伴关系”与密切合

① Department of Arts. Heritage and the Gaeltacht. http：//www. ahg. gov. ie/en/.

② Culture Ireland. http：//www. cultureireland. ie/about.

作原则，始终被看作有效实现文化政策目标的基本保障。

2.“一臂之距”的财政投资管理模式

所谓“一臂之距”在文化政策上主要是指国家对文化投资的间接管理模式，这是目前已经被欧洲以及其他发达国家普遍接受的对于文化的公共财政资助模式之一，也是西方发达国家近20年日益兴盛的公共管理的一个有机组成部分。

3.重点突出，兼顾多元化

对于文化资助“斤斤计较”，绝不大包大揽，严格审查程序，注重每一笔财政支出的效益评估。但是在某些关系到公民整体的文化福利以及国家与民族文化的保护和发展的项目上却显得非常慷慨。

4.重视非营利性文化部门的经济贡献

西方国家政府之所以需要投资非营利性文化部门，一方面是因为非营利性文化部门具有公益属性，另一方面则是因为非营利性文化部门对地方经济的发展做出了巨大贡献。

（二）对我国的借鉴经验总结

第一，重视立法，健全文化领域的法律法规。建议借鉴发达国家做法，根据公共文化的不同类别，分别制定相应的法律法规。

第二，完善公共文化资金投入方式，提高财政资金的有效性。政府财政“大包大揽”的资金投入方式，也会带来供给的产品和服务与公众需求脱节的弊端。在公共文化资金投入方式上，可以尝试在中央政府和基层文化部门、文化事项之间增设一个中间层——具有中介性质的公共组织，并由其承担中央公共文化资金的审批与分配职责。

第三，规范公共文化投入的财政预算安排，突出支持重点。我国需要增大政府的财政文化投入总量，提高公共文化支出在财政总支出中的比例。同时，进一步强化地方政府的公共文化支出责任，除此之外，还要注意突出财政支持领域。

第四，发挥财税政策的引导和示范作用，鼓励社会力量参与公共文化建设。今后在公共文化建设中，我国应进一步发挥好财税政策的引导、膨化及示范作用，通过加强政策引导，鼓励其他投资主体参与公共文化建设。

（三）我国公共文化发展经济政策提升建议

一是规范各具体行业的政策法规；二是提升政府财政支持力度和效率；三是健全政府财政投入制度；四是优化政府财政支出结构；五是建立公共文化服务基金；六是实行优惠激励的税收政策；七是加大公共文化事业发展税收优惠力度；八是建立多元化社会投入的投融资政策；九是拓宽公共文化事业投融资渠道。

研究报告

云南公共文化建设跨越式发展研究

刘佳云*

一　云南现代公共文化服务体系建设现状实证分析

（一）县级现代公共文化服务体系建设实证分析

1. 县级财政投入保障达标情况

现代公共文化服务体系建设，财政经费保障是基础。特别是对少数民族所在地来说，没有财政经费的保障和支持，基础设施建设无法落实，公共文化服务项目和活动也就无从开展。云南地方财政对公共文化投入保障的情况不容乐观。从调研结果来看，县级经费保障落实情况并不乐观，仅有不到半数县级财政按标准将基本公共文化服务保障资金纳入财政预算，落实保障当地常住人口享有基本公共文化服务所需资金，达标率为40%。

2. 县级公共文化设施建设达标情况

从调研结果来看，县级基本公共文化设施建设情况良好，特殊群体及民

* 刘佳云，云南省民族艺术研究院研究员，主要研究方向为公共文化服务等。

族文化传承相关建设需进一步加强。调研结果显示，县级公共图书馆、文化馆等文化设施建设情况良好，除部分调研点存在特殊情况（已拆或在建等），多数调研点按实施标准在辖区内设立公共图书馆、文化馆，达标率为70%。

3. 县级基本公共文化服务项目达标情况

一是读书、看报等基本公共文化服务达标率较高，文化活动开展情况良好。二是收听广播、观看电影电视整体达标，少数民族语言类广播服务有待加强。三是县级公共文化设施开放达标情况一般。四是县级数字文化建设达标情况整体滞后。

参照《云南省基本公共文化服务实施标准》，从公共文化经费投入、基本公共文化设施、县级公共文化服务项目、县级数字化建设及人才队伍建设的达标情况来看，调研地多数县级基本公共文化设施、广播电视设施、体育设施建设情况良好，但县级博物馆、美术馆设施建设较少；县级公共文化服务项目整体开展情况良好，居民享有的基本公共文化权益得到保障，但经费投入保障的落实情况不容乐观；县级数字文化建设整体滞后。在队伍建设方面，云南县级公共文化机构基本能按当地核准的编制数配齐相应的工作人员，但也有部分县因经费少、招人难等多种原因难以配齐工作人员，多聘用兼职人员，脱产培训的时间也难以得到保证。

（二）乡（镇）现代公共文化服务体系建设实证分析

乡镇级调研统计结果显示，云南大部分乡（镇）配有综合文化站，拥有单独场地和户外文体活动场地，但场地面积、文体活动设施和体育活动器材等相关配套并未完全达标。基本公共文化服务项目和内容的整体开展情况较好，群众可在当地免费开放的综合文化站阅读图书、报刊，收听广播节目，参加文化艺术、农科知识等方面的培训。乡（镇）综合文化站电子阅览室建设达标率较高，Wi-Fi 覆盖比例有所提高，部分未配备 Wi-Fi 的文化站也在积极购置相关设备搭建无线服务；以县级文化馆为中心的总分馆体系尚在推广建设中；乡（镇）级人才队伍配备和培训情况较好，但难以做到“专职专干”，也难以配备文化志愿者。

（三）村（社区）现代公共文化服务体系建设实证分析

云南行政村（社区）综合文化服务中心建设尚未全面铺开，有待进一步推进。基本公共文化服务项目如农家书屋的图书数量、种类较少，其中少数民族语言文字的图书和音像制品数量更少，但电影观赏、文体活动的组织情况良好。部分村（社区）已开启了 Wi-Fi 服务，覆盖面日渐扩大；免费上网服务、以村（社区）综合文化服务中心为分馆的总分馆体系也正逐渐展开。村（社区）购买公益文化岗位落实情况较差，难以做到专职专干；每年不少于 5 天的集中培训仍有部分地区难以实现。

二　云南现代公共文化服务体系建设存在的主要问题

云南在推进公共文化服务标准化、均等化，以及进一步推进现代公共文化服务体系建设的过程中，在实施标准与建设实际的差距、管理体制与运行机制、公共文化投入与设施建设、产品与服务供给、服务效能与水平、人才队伍建设以及考核机制等方面还存在一些亟待解决的问题。

（一）现有公共文化服务体系实施标准与云南公共文化服务体系建设实际存在较大差距

1. 硬件设施标准与云南建设实际的差距

一是很多州市没有建设公共博物馆、公共美术馆，各级公共文化设施很少配备安全检查设备，缺少残疾人使用的无障碍设施；二是不少州市的行政村（社区）缺少综合文化服务中心，已有的综合文化服务中心建筑面积大都小于 100 平方米，群众文体活动场地大都小于 600 平方米；三是不少州市的县乡还没有建设民族博物馆、民族文化传承基地、传习馆（所），目前达标率只有 40%；四是很多州市还没有建设全民健身活动中心（体育馆）、综合运动场地、体能训练场地、附属用房和设施，有的项目建筑面积小于 2000 平方米，目前达标率只有 40%。

2. 基本服务项目标准与云南建设实际的差距

云南目前已建成的部分场馆设施因缺乏引导性和创新性服务，存在“有数量、缺质量”的“空馆闲站”现象。从本课题实地调研的云南建设实际汇总表可以发现，部分县区图书馆藏书量少、借阅者不多；部分乡（镇）综合文化站除广场外，其他设施如图书室、多功能房，因图书数量少、设施不全、缺乏活动组织者或经费等原因，群众使用率不高，且少部分乡（镇）综合文化站建在政府办公楼旁边，主要是乡镇干部在使用，群众使用不方便。

3. 经费、人员保障标准与云南建设实际的差距

云南各级公益性文化事业单位业务经费严重不足，一些地方文化事业经费总量虽有所增加，但占财政总支出的比例并没有随着财力增长而提高。从本课题实地调研的云南建设实际汇总表可以发现，基层文化队伍编制较少、人数不足、素质不高，人员被挪用的情况较为突出。大部分乡（镇）综合文化站虽配有 1~2 个编制，但文化专干不专职、不专业、不专心的问题十分普遍，干部变动较快，工作缺乏主动性和创造性，有的乡（镇）综合文化站干部长期被借调从事其他业务，导致文化站无法正常运转，严重制约了公共文化服务水平的提高和文化事业的发展。

4. 数字文化标准与云南建设实际的差距

云南基础设施和服务的数字化水平落后，数字文化资源利用效率较低，数字化建设工作不规范。从本课题实地调研的云南建设实际汇总表可以发现，基础设施落后是制约数字化建设的主要原因，数字化建设依托网络技术、信息技术及数据库技术，部分地区的文化服务机构没有进行基础设施升级，尤其是计算机、数字化网络设备、多媒体设备等硬件设备严重不足，从而极大影响了公共文化服务数字化建设进程。

（二）公共文化管理体制与运行机制滞后，现代公共文化服务体系组织保障机制有待完善

目前，云南文化体制改革虽已取得了阶段性成效，但各级政府仍然不同程度地停留在传统体制的模式上，习惯用计划经济的手段管文化、办文化，

政府包办、政企不分、机构臃肿、管理混乱的情况依然存在，政府管理中的“越位”“缺位”现象依然严重。一是基层公共文化建设管理僵化、手段单一；二是政府公共文化管理职能职责有待进一步调整；三是适应现代公共文化服务体系建设要求的组织机构保障机制尚待建立健全。

（三）公共文化投入相对不足，实现均等化困难较大

一是地方财政投入相对不足，投入结构不均衡。尽管云南省级财政对公共文化服务体系建设每年都有固定的投入，但投入结构并不均衡。二是社会力量投入相对不足，投入方式单一。公共文化产品的供给过分依赖政府购买，资金绝大部分来自上级部门财政拨款和转移支付，缺乏地方财政配套资金，缺少鼓励社会团体、个人投资的相关政策措施，造成了投入方式单一的局面。云南社会力量参与公共文化建设的情况还处于培育阶段，当地政府还没有完全从具体“办文化”的领域中退出来，“办文化”没有转变为“管文化”，管办不分离，社会力量很难走进去。再者，社会力量投入公共文化建设还面临一些技术性障碍。三是非营利性组织投入相对不足，供需信息传播不对称，非营利性组织投入公共文化服务建设相对不足，这说明非营利性组织兴办文化的热潮尚未兴起。

（四）政府提供的现有公共文化产品和服务与群众日益多样化的文化需求存在较大差距，服务效能和水平有待提高

一是农村电影放映“2131 工程”放映成本高，群众观看率低。二是“村村通”“户户通”设备陈旧，空置化现象突出。三是“农家书屋”书籍更新慢，群众阅读率低。四是“文化信息资源共享工程”服务面单一，传播面窄。五是其他公共文化产品和服务供给不足，服务效能和水平有待提高。一些乡（镇）综合文化站，有的有场所无设施，空壳化现象严重；有的服务项目匮乏，服务功能弱化，仅能提供图书借阅、计算机上网等简单的服务；甚至有个别乡（镇）综合文化站因管理不善被挪作他用，无法正常开展文化活动，服务效能有待提高。

（五）基层公共文化人才匮乏，队伍不稳，业务素质亟待提高

一是缺乏基层专业技术岗位人才，人才流失率较高。二是文化岗位不专职、不专干现象较普遍。三是公共文化队伍业务素质普遍不高，缺乏有效的培训机制。此外，一些地区文化局对当地乡（镇）综合文化站无人事管理权，无法参与乡（镇）综合文化站人员招聘，录用人员的素质难以保证；村级文化活动室工作人员多由村委会干部等兼任，大多数村干部文化素质不高，疲于应付农活和各种琐事，根本无暇管理文化活动室，部分年轻干部流动性强，队伍不稳定，导致村级公共文化建设难以得到落实。

（六）公共文化建设缺乏有效的评估、监督和反馈机制

一是“标准化”的实施过程中缺乏相应的考核和奖励标准机制。二是公共文化评估机制缺乏规范性，操作性有待加强。三是缺乏健全、有效的监督机制和方便、快捷的反馈机制。此外，不少州市的需求反馈机制尚未完全建立，文化部门仅通过每年下乡调研、与地方协会交流以及了解文化协管员的反馈掌握城乡群众繁多的公共文化消费需求信息，致使信息反馈不方便、不及时、不够客观。

三　云南现代公共文化服务体系建设实现跨越式发展的对策建议

（一）结合云南建设实际，以《云南基本公共文化服务实施标准》为目标，科学规划，按立体化思路逐步推进云南现代公共文化服务体系建设

要实现云南公共文化建设跨越式发展，必须以中共中央办公厅、国务院办公厅颁布的《关于加快构建现代公共文化服务体系的意见》为指导，严守标准底线，坚持以标准化的推进促进均等化的实现，强化各级人民政府在公共文化产品生产和服务供给中的落实责任；要分步骤、分阶段、分地域推进标准化建设；将全面推进与重点突破相结合，着力完善少数民族地区公共

文化设施网络建设，加强基层公共文化服务资源整合，在提升边疆多民族地区公共文化服务体系建设整体水平上取得实效。以标准化建设为途径，努力实现公共文化服务均等化。

（二）加强标准化建设，强化政策倾斜，加大投入力度，弥补云南公共文化服务短板

一是建立基本公共文化服务保障标准，推进基本公共文化服务标准化。各地应根据省级标准，以县为基本单位，立足地区发展实际，制定上下衔接、与当地经济社会发展水平相适应、体现地方与区域特色的实施标准。建立基本公共文化服务标准动态调整机制，并根据经济社会的发展需要适时进行调整提高。对于未达到国家指导标准或仍未建设的项目，要进行必要的改建、扩建或新建，力争完成全省基本公共文化服务标准化建设任务。二是补齐短板，加大公共文化基础设施投入，完善基本公共文化设施网络建设。首先，要推动县级公共文化设施建设。要填补县级公共文化设施空白，没有县级公共图书馆、文化馆的县，应严格落实督办要求，按照已公布的国家建设标准进行建设。其次，要加大基层公共设施资源整合力度，盘活资源，有重点地推动特殊地区的基层综合文化服务中心建设。再次，要合理配备流动公共文化服务设施设备。最后，要大力促进公共文化设施网络建设。各县、乡、镇、村要根据当地经济社会发展的实际状况，积极推进公共文化设施建设合理布局，科学配置公共文化资源，可探索实施按每村 1 万元的补助标准用于体育文化设施建设，实现云南每个自然村（社区）都有文化活动室的目标，让基层民众有充足的专门文化活动场所。

（三）以重点地区为突破，提升云南公共文化服务精准度，促进公共文化均衡发展

一是促进城乡基本公共文化服务均等化。把城乡基本公共文化服务均等化纳入各地经济社会发展总体规划和新型城镇化、新农村建设规划。整

合利用闲置学校等现有城乡公共设施，依托城乡社区综合服务设施，加强城市社区和农村特别是少数民族地区文化设施建设，推进“农民文化素质教育网络培训学校”、“文化惠民示范村（社区）”以及农村“小广场、大喇叭”建设工程等重大文化惠民项目。在有条件的自然村自办文化室（文化大院）。加大对农村民族民间文化艺术的扶持力度，推进“三农”出版物出版发行、广播电视涉农节目制作和农村题材文艺作品创作。二是促进区域基本公共文化服务均等化。首先，推动农村地区公共文化建设实现跨越式发展。积极争取中央财政加大对云南乌蒙山片区、石漠化片区、滇西边境片区、藏区等地区的基本公共文化服务保障资金支持力度。其次，重视和发展少数民族文化事业。支持少数民族地区挖掘、开发、利用特色文化资源。加强对少数民族古籍文献和珍贵实物资料的抢救保护，大力扶持少数民族语言文字图书、报刊及音像制品出版，确保在有条件的民族自治地方，少数民族群众能够收听本民族语言的广播节目。三是促进特殊群体基本公共文化服务均等化。针对不同特殊群体实施不同服务，如开展学龄前儿童基础阅读促进工作，向中小学生推荐优秀出版物、影片、戏曲；为残疾人提供无障碍设施，公共图书馆和有条件的农家书屋要配备盲文书籍，开展盲人阅读服务，实施盲文出版项目，开发视听读物，建设有声图书馆；将农民工文化建设纳入常住地公共文化服务体系，办好“建设者之歌”农民工系列文化活动等。

（四）强化民生服务，提升公共文化产品与服务的服务效能和供给水平

一是提升服务效能。二是开展特色文化惠民工程，繁荣群众文化生活。三是创新服务方式，推进公共文化与科技的融合发展，大力推进公共文化数字化建设。具体包括：畅通公共数字文化资源传输渠道；加强公共数字文化资源供给配送；提升公共文化机构数字化水平；提高新闻出版广播电视现代传播能力；加大力度实施县域公共数字文化综合服务平台和边疆万里数字文化长廊建设项目。四是充分挖掘地方特色，丰富公共文化产品，维护国家文

化安全。具体包括：充分挖掘和应用地方民族特色文化；建立非物质文化遗产保护机制；加大边境地区文化建设力度。

（五）大力推动公共文化服务社会化，推进建设主体多元化，打造共同治理格局

一是鼓励和引导社会力量参与公共文化服务。进一步简政放权，减少行政审批项目，吸引社会资本投入公共文化领域。建立健全政府向社会力量购买公共文化服务机制，制定《云南省向社会力量购买公共文化服务的实施意见》《云南省公共文化服务政府采购和资助目录》，将政府购买公共文化服务资金纳入财政预算。推广运用政府与社会资本合作等模式，促进公共文化服务提供主体和提供方式多元化。二是培育和促进文化消费，规范文化类社会组织。广泛开展公益性文化艺术活动，培养健康向上的文艺爱好，扩大和提升文化消费需求。鼓励有条件的公共文化机构挖掘特色资源，加强文化创意产品研发，创新文化产品和服务内容。完善公益性演出补贴制度，支持艺术表演团体提供公益性演出。推动经营性文化设施、非物质文化遗产传习场所和传统民俗文化活动场所等向群众提供优惠或免费的公益性文化服务。积极发展与公共文化服务相关联的教育培训、体育健身、演艺会展、旅游休闲等产业，支持各类文化企业开发公共文化产品和服务，满足人民群众多层次的文化消费需求。三是推进公共文化建设主体多元化，打造共同治理格局。逐步形成政府主导，文化事业单位、企业、社区（村组）、其他社会力量等多元主体共同参与、协商与对话的制度框架。

（六）创新体制机制，完善云南公共文化管理、运行和保障机制

一是建立公共文化服务体系建设协调机制。具体包括：建立调控适度、运行有序，管人、管事、管资产相结合的文化管理体制；综合运用法律、行政、经济等多种手段，注重发挥文化经济政策、文化发展资金、文化产业投资基金的经济杠杆作用，引导和推动文化事业、文化产业健康有序发展；创新管理理念、管理方式和管理体制，提高管理的科学性、系统性、有效性，

加强管理的前瞻性和主动性。二是加大公益性文化事业单位的改革力度。创新运行机制，推动公共图书馆、博物馆、文化馆、科技馆等建立事业单位法人治理结构。创新基层公共文化管理机制，推动开展公共文化服务参与式管理，探索实践农村群众文化理事会制度，引导建立并完善基层综合性文化服务中心管理办法，健全民意表达和监督机制，引导群众参与公共文化服务项目规划、建设、管理和监督，维护群众的文化选择权、参与权和自主权。三是建立健全科学化的公共文化决策机制，具体包括在决策的过程中坚持实事求是的原则，以群众的实际需求为导向，做到用共识性决策代替集权式决策，构建民主决策机制；结合传统和新型方式拓宽决策渠道，可以通过大规模调研广泛征求群众意见，引导群众参与，用实际的决策效果激发群众参与的积极性，从而做出科学的决策。四是建立公共文化服务的需求反馈机制，保障供需渠道畅通。五是逐步建立健全公共文化服务监督、评估机制。除此之外，还要建立并完善公共文化服务绩效评估机制，形成政府、文化行政部门、公共文化机构、重大文化项目工作的考核机制，将服务农村、服务基层和群众满意度作为重要考核指标。六是鼓励和支持文化行业协会、民办非企业单位等文化类社会组织的公共文化服务项目，建立公共文化服务社会信用评估制度。

（七）强化队伍建设与人才保障，推动云南公共文化服务队伍结构优化、素质提升

一是建立健全人才队伍建设的政策和制度保障。建议落实职业资格管理制度，开展社会文化单位、社会文化工作者、民间艺人从业资格认定和职称评聘试点工作。要健全以党委和政府奖励为导向、以用人单位和社会力量奖励为主体的人才激励机制，对做出突出贡献的文化单位和基层文化工作者予以表彰奖励，在全社会形成关心和支持文化建设的良好氛围。二是加强基层公共文化服务队伍建设和人员培训。首先，在现有编制总量内，落实国家和云南省基本公共文化服务实施标准中的乡（镇）综合文化站编制政策。探索设立乡镇基层公共文化服务岗位，配置由公共财政补贴的工作人员。其

次，实施“文化名家工程”和“少数民族人才培养工程”，深入贯彻中宣部等6部委联合下发的《关于加强地方县级和城乡基层宣传文化队伍建设的若干意见》精神，设立城乡社区公共文化服务岗位。在加强基层文化队伍培训方面，深入实施全国基层文化队伍培训计划，依托基层文化队伍培训基地、各级公共文化机构、广播电视技术中心和图书馆学会、文化馆协会等行业组织，结合公共数字文化重点工程，分级、分类、分批对县、乡基层文化干部进行系统培训；实施“一员三能”提升工程，加强基层文化管理员和业余文化骨干培训；积极建立本土的人才培育体系；大力培育乡土文化人才。三是组建高效、常态化的基层文化志愿者队伍。首先，成立文化志愿服务组织，建立文化志愿者注册系统、电子档案和数据库，实现志愿者、服务对象、活动项目有效对接。其次，要完善激励机制，吸引更多人参与文化志愿活动。再次，定期对文化志愿者开展专业知识领域和业务工作范围内的培训，提升文化志愿者的工作能力和专业水平，提高文化志愿者工作的专业态度，从过去的“热心”向文化志愿工作“专业化”过渡，并为能够在一定时期内坚持在岗服务的文化志愿者授予一定的奖励和荣誉，鼓励有突出贡献的文化志愿者发挥带头示范作用，激发文化志愿者工作的信心和热情。

西南地区基层公共文化人才培养与激励机制研究

王 斌*

一 西南地区基层公共文化人才培养与激励现状分析

（一）西南地区基层公共文化人才培养现状分析

1. 培养政策

在《文化部“十二五”时期公共文化服务体系建设实施纲要》《中共中央关于深化文化体制改革、推动社会主义文化大发展大繁荣若干重大问题的决定》《关于加快构建现代公共文化服务体系的意见》《国务院办公厅关于推进基层综合性文化服务中心建设的指导意见》等政策方针的指导下，西南地区 5 个省（区、市）结合自身实际情况，制定出台了一系列相应文件。西藏自治区出台《西藏自治区“十二五”时期公共文化服务体系建设规划》《西藏自治区基层公共文化设施和管理服务标准化建设指标》《西藏自治区基本公共文化服务实施标准 2015—2020 年》《西藏自治区贯彻落实〈关于加快构建现代公共文化服务体系的意见〉的实施意见》等文件。重庆市出台《重庆市关于“十二五”基层文化队伍培训工作规划》《重庆市人民政府办公厅关于印发推进基层综合性文化服务中心建设实施方案的通知》等文件。贵州省出台《贵州省中长期人才发展规划纲要（2010—2020）》《关于

* 王斌，管理学博士，心理学博士后，西南大学国家治理学院公共管理系教授，博士生导师，主要研究方向为公共部门人力资源管理、人才政策、社会治理等。

加强民族地区人才队伍建设的实施意见》等文件。云南省出台《云南省加快建设民族文化强省的意见》《中共云南省委关于加强文艺工作的实施意见》等文件。四川省印发《关于加快构建现代公共文化服务体系的实施意见》《四川省公共文化服务保障条例》等文件。

2. 培养内容

西南地区对人才进行业务培训、专业技能培训和专业素质培训，根据不同岗位需求制定不同的培训内容。如云南省文化馆举办的一线边境乡镇文化站站长培训班，培训内容包括基础理论与法规政策普及、综合业务素质提升；拉萨举办的民间艺术团业务骨干培训班，培训内容包括表演技巧、剧本创作、角色分析、编剧要领以及作品执导等；四川省举办的全省“三区”基层文艺创作干部培训班，呈现培训理念创新、培训内容创新、培训方式创新、培训机制创新四个创新的特点。

3. 培养方式

西南地区 5 个省（区、市）在国家宏观政策的指导下，结合实际情况，采取了集中培训、分级培训、远程培训等多种培养方式，取得了较好的效果。

4. 培养效果

基层公共文化人才的数量有所增加，西南地区群众文化机构从业人员年增长率均高于 100%；基层公共文化人才的能力和理论水平大幅提升，找到了提升工作能力的方向，拓宽了业务视野。

（二）西南地区基层公共文化人才激励现状分析

1. 西南地区基层公共文化人才激励政策

西南地区在基层综合性文化服务中心建设、文化工作绩效评价、基层文化建设、基层文化设施管理和使用，以及博物馆、公共图书馆、群众艺术馆、县综合文化活动中心、乡（镇）综合文化站、边疆民族地区和革命老区人才支持计划、文化工作者专项计划等方面都制定了相关的政策，人才政策体系较为完备。

2. 西南地区基层公共文化人才激励方式

坚持资金投入的激励方式。西藏自治区对县民间艺术团的补助经费从5万元提高到20万元，提高幅度达300%。2015年云南省财政投入文艺精品创作专项扶持资金3000万元，用于优秀作品创作补助和奖励。强化了以授予荣誉称号为主的精神激励方式，激励效果明显。完善了以晋升为主的岗位激励方式，但由于晋升岗位有限，覆盖面小，所以相较于其他激励方式占比较低。

3. 西南地区基层公共文化人才激励效果

第一，基层公共文化人才总量和质量有所提高。西南地区5个省（区、市）群众文化机构数、群众文化从业人员数及群众文化机构专业技术人才数都有不同程度的增长，其中西藏自治区增长幅度最大，重庆市增长幅度最小。

第二，基层公共文化人才工作绩效显著。通过物质激励与精神激励相结合、正激励与负激励相统一、将绩效评价纳入公共文化服务体系考核指标等多种方式，调动基层公共文化人才工作的积极性。

二　西南地区基层公共文化人才培养与激励中存在的问题

（一）人才培养中存在的问题

1. 人才数量不能满足公共文化服务需求

第一，人才总体数量不足。

第二，人才培训数量不足。

2. 人才培养难以发挥其应有效果

第一，培养内容不够科学。表现出偏重岗位业务技能培训、轻视职业道德培训的倾向，而技能培训中较为重要的信息技术培训占比过低。

第二，培养模式僵化。培训的组织方式单一，多为单位内部组织，高质量的培训较少，覆盖面窄；以网络培训为代表的新培训方式使用率较低，基层各单位很难有条件自行组织网络远程培训；缺乏与培训相关的考核制度，培训效果缺乏反馈评价。

3. 人才结构不利于可持续发展

第一，人才职称结构不合理。

第二，人才地域分布不合理。公共文化人才主要集中在四川、云南和重庆三地，人才分布严重失衡。

第三，人才行业结构不合理。5个省（区、市）公共文化从业人员数最少的文化机构为公共图书馆、群众艺术馆和博物馆等公益性机构，人数较多的文化机构为文化站和表演艺术团体等营利性机构。

（二）人才激励中存在的问题

1. 精神激励流于形式

思想政治工作薄弱；工作成果的社会反响度不够广泛，基层公共文化人才的单位归属感、工作满意度、成就感、影响力不足。

2. 薪酬体系的预期激励效果不突出

薪酬在行业间差距较大，工资水平相对偏低，平均主义现象严重，制度外津贴发放混乱；薪酬在区域间差距较大，县级行政区域下的基层公共文化部门平均薪酬远远低于其他省份。

3. 部门激励政策落实不到位

实际的政策执行过程中，各地区均存在激励政策落实不到位的现象，论资排辈的情况比较突出。

三　西南地区基层公共文化人才培养与激励存在问题的原因

（一）人才培养存在问题的原因分析

1. 人才培养意识相对薄弱

第一，人才培养意识不强，存在“重使用、轻培养”的现象。第二，人才培养意识不全面，将人才培养的重点圈划在全员培训，忽视了专业化、专门化培训，培养层次较为笼统。第三，人才培养重视程度不够，很少安排集中的培训活动，且活动时间很短。

2. 人才培养机制不健全

第一，培养模式脱离现实需要，多以课堂讲授为主，多以会代训，为了训而训。第二，培养层次不清，培养方向不够明确，缺乏岗位针对性；培训方法过少和培训渠道过窄，不能满足现实需要。第三，专业培训机构过少，多为单位内部培训，培训内容过于简单；培养经费不足，缺少资金支持。

3. 薪酬待遇偏低

重庆、四川、贵州、云南、西藏 5 个省（区、市）文化领域就业人员整体薪酬偏低，人才流失率高。

4. 人才培养政策的作用未完全发挥

政策不系统，政策内容笼统。各省（区、市）人才政策文件缺乏明确涉及基层公共文化人才培养的内容。

（二）人才激励存在问题的原因分析

1. 激励管理的主观因素

第一，“人治”思想理念陈旧，工作重心依旧是解决日常琐碎事务，未能着眼于人力资源战略性要求和基层公共文化人才的真正需求。第二，基层公共文化人才竞争思想扭曲，缺乏竞争理念和竞争机制，偏离正确轨道，论资排辈现象明显。

2. 激励机制的客观因素

第一，激励制度不健全。物质激励方面，薪酬稳定且差距小，不能准确反映劳动力价值；缺乏公开的晋升监督体制与严格的晋升标准体系。精神激励方面，没有客观的评价标准，对工作满意度和自我实现等方面的激励不足。第二，文化环境的影响。激励的竞争性使得组织内部产生不良竞争行为，员工心理压力较大；文化性活动较少，工作压力无处释放。

四　西南地区基层公共文化人才培养与激励机制的设计

（一）人才培养的总体构架

本研究提出西南地区基层公共文化人才培养工作机制的“41”战略，即4个体系、1个制度。

（二）“41”培养战略的运行体系构建

1. 人才培养供需调控系统的构成

（1）决策控制系统

负责明确西南地区基层公共文化人才资源培养规划、培养法规、培养工作的控制方针政策等具体内容，并在其行政区域内贯彻和执行。

（2）培养政策调节系统

贯彻决策控制系统制定的各项调节政策，以落实各级政府基层公共文化人才培养供需调控的目的。

（3）信息反馈系统

收集、分析、传导各种信息，以沟通、联结整个调控体系。

（4）监督保证系统

维护体系内各有关子系统的相对独立性、调控行为的相对稳定性、纵向政策的相对连续性。

2. 人才培养运行体系的构建

（1）对培养开发需求进行有效的分析

明确本地区内所需的基层公共文化人才具体职位、该职位的职责及需要具备的知识和技能类型。

（2）培养目标的设置

培养目标的衡量标准：人才数量增加的比例、人才工作质量的提高程度、人才工作效率的提高程度、培养的投入与产出的比例。

（3）培养计划的制订

有针对性地制订包括公共文化人才培养项目、培养方式、培养内容、培养对象、培养时间周期、培养所需资料和设备等内容的具体计划。

（4）培养效果评估

对公共文化人才培养有效性和效益性进行评估。其中，培养的有效性，指培养工作对本地区基层公共文化人才培养目标的实现程度；培养的效益性，指培养工作给本地区的经济社会发展、民族文化发展等各项事业带来的经济效益和社会效益。

3. 人才培养服务体系的构建

第一，加强基层公共文化人才基础设施建设。第二，发展以服务为宗旨的非营利性培养中介机构。大力激发和鼓励民间力量，开办以西南地区公共文化服务发展为宗旨的教育类非营利性组织，探索新型人才培养途径。第三，为西南地区基层公共文化人才培养提供信息服务。一方面，收集用人单位的职位空缺信息和用人条件；另一方面，在区域内登记有求职意向的公共文化人才的详细信息，并提供给各类培养机构，实现用人与培养的对接。

4. 人才培养法规体系的构建

通过构建人才培养法规体系来保护培养主体、用人单位和基层公共文化人才自身的合法权益，用法治保障培养工作的实施。

（三）“41”培养战略的培养绩效评价制度设计

1. 评价制度的内容

（1）评价主体

文化部主要负责人才培养工作的统筹规划与领导；西南地区的各省、自治区、直辖市的党委组织部、政府内部各管理部门，主要负责培养评价的战略决策和领导，以及培养工作的评价与管理；各种专业性的评价中介组织属于社会组织的范畴。

（2）评价客体

西南地区各级党委和人民政府中负责基层公共文化人才培养工作的各级领导人员；各类组织、职能部门中负责人才培养工作的单位，对组织目标的实现程度、人才培养工作的效率与效益等方面进行宏观评价；从事具体公共文化人才培养工作的工作人员，对工作人员个体的工作效率、效益等进行微观评价。

（3）评价指标

西南地区基层公共文化人才培养评价的宏观指标体系；各省、自治区、直辖市的具体指标体系；各职能部门的专项评价指标体系。

（4）评价方法

以多维评价方法为根本，实现对人才培养工作全方位、多角度的评价；以目标管理法为主干，目标评价是目标管理的核心；以 KPI 评价法为重要补充，提高评价的科学性和有效性。

（5）评价程序

程序起点：从具体情况出发，制定符合实际的人才培养工作绩效评价目标。程序落脚点：推进人才培养工作质量的持续提升。

（6）评价结果

及时向评价客体公布评价结果，使有异议者能够及时申诉；及时向评价主体反馈评价结果，使其及时了解目标评价客体的工作状况。

2. 评价指标体系设计

分为两个层次。第一层分为人才培养工作的过程和效果两个领域，其中人才培养工作过程分为政策因素、服务因素两个因素；人才培养工作效果分为总量、结构、分布和发展四个因素。第二层的重点目标因素分为人才培养法规工作、人才培养政策工作等 19 项重点指标。

3. 评价方法体系设计

构建多维价值评价方法体系：多元主体评价法，是整个评价过程的框架，限定了人才培养工作目标评价的主客体及评价体系与外部的边界；目标管理法，针对人才培养工作目标对工作过程的评价，属于阶段性评价方法；

关键因素法，准确评价人才培养工作目标的落实效果。

4. 评价程序设计

（1）计划阶段

3 个环节：从人才培养工作过程与人才培养工作效果两个角度准备人才培养工作目标评价资料；人才培养工作目标评价领导小组组建；设计和确定人才培养工作目标评价各层级指标的权重。

（2）执行阶段

各评价主体要在目标评价指标体系的指导下，对人才培养工作目标评价项目进行量化和细化；各评价主体根据所负责项目的实际情况选定合适的评价方法。

（3）检查阶段

向各评价客体公布人才培养工作目标评价结果，允许有异议者在规定的时间内提出申诉；向评价主体公布人才培养工作目标评价结果，使其对目标评价过程中出现的问题、误差等进行及时调整；向主管部门公布人才培养工作目标评价结果，使其对工作状况有宏观把握；向社会公众公布人才培养工作目标评价结果。

（4）处理阶段

公示无异议之后，将评价结果固化，实现标准化使用，将其作为激励、惩罚以及职位升降的重要依据；将本次人才培养工作目标评价过程中出现的问题转入下一循环，为下一阶段人才培养工作目标评价的推行提供参考。

（四）基于绩效提升的西南地区基层公共文化人才激励机制

1. 激励机制的整体构建

（1）保障机制

健全基层公共文化人才激励的法律保障机制，用法治精神和原则协调各类事务；不断完善其制度保障机制，实现各项事务的规范化、程序化、科学化实施；持续优化其环境保障机制，建设健康的绩效管理文化和高效的绩效信息网络系统。

（2）管理机制

构建激励管理运行机制，实现宏观运行机制与微观运行机制相结合；把握激励管理的动力机制，形成以机构、个人、环境为主导的多维度动力系统；建设激励管理的约束机制，保证激励效果的正向性和高效性。

（3）评估机制

构建完善的激励评估机制，树立“以人为本、以价值为导向，坚持效能意识”的正确激励评估理念；以客观性、价值性、整体性和可量化为原则，坚持科学的激励评估标准；从各工作岗位实际出发建立合理的激励评估内容；运用正确的激励评估方法。

（4）反馈机制

建立“自上而下”的信息反馈机制，保证激励措施等与环境信息变化相适应；建立“自下而上”的自我反馈机制，增强交流与协作；建立“上下结合”的沟通反馈机制。

2. 基于工作体系再造的基层公共文化人才激励协调机制的构建

本研究提出了构建基层公共文化人才激励协调机制的基本理论模型，包括四个系统、一个模式、一个平台。

（1）基层公共文化人才激励决策层协调系统

建立并完善各种基本协调机制，提供针对激励措施、政策措施的决策与协商机制。

（2）基层公共文化人才激励运行层协调系统

建立基层公共文化人才激励运行协调系统运行的宏观准则、业务准则、工作准则。

（3）基层公共文化人才激励管理的信息沟通协调系统

加强沟通理念的建设；建立健全沟通政策；丰富激励管理信息沟通内容；选择有效的沟通渠道；加强沟通反馈的设计。

（4）基层公共文化人才激励组织协调系统

解决激励管理的模块分解问题及模块之间的协调问题；通过规则的协调

使整个激励管理系统多而不散、多而不乱。

（5）基层公共文化人才激励协调决策模式

分为五个阶段：辨识问题，提出议题；角色反思与定位；形成解决议题的备选方案；达成共识；议题程序化或规则化。

（6）基层公共文化人才激励协调信息平台

包括决策层信息、运行层信息、信息沟通层，以及技术支持层所组成的综合性、立体化的协调信息平台。

五　西南地区基层公共文化人才培养与激励机制运行的措施与建议

（一）形成科学的培养管理体系

1. 建立完备的培养内容管理体系

制定科学的建设方案，切实加强培养师队伍建设，重视培养内容和体系改革，注重使用先进的培养方法和手段，大力开发实用的培养教材、项目，培养中理论与实践并重。

2. 建设灵活高效的培养质量检测体系

重点针对培养内容的实用性、培养手段的丰富度、培养效果满意度进行调查，及时调整培养内容和项目设置，跟踪培养对象的培养效果。

3. 建设齐备的内部管理体系

进一步完善培养规章制度，及时调整修改不适应形势的规章；着眼于培养基地或中心的建设，逐步形成以战略管理制度、人力资源管理制度、财务管理制度、基础建设管理制度等为主要内容的内部管理体系。

4. 明确培养对象类型

对基层公共文化机构党政干部应侧重领导力、决策方法、战略规划的培养，对管理者应侧重执行能力、创新能力等素质的培养，对专业技术人才应侧重创新创造能力、现代科学技术应用等方面的培养。

（二）构建终身教育体系

1. 多元化在岗培养模式

（1）基于胜任力的在岗培养模式

突出岗位技能特色的培养指导思想。坚持“岗位任职能力”本位，强调在专业技能的形成与提升中追求知识的丰厚，针对职位性质的不同，对人才分级、分类、分层次进行胜任力的分析，以确定侧重不同的培养内容。

（2）基于“带教帮扶”的师徒结对培养模式

主要用于专业技术人员和技能层的培养，能够短期高效地实现人才与岗位“零距离”对接。

2. 基于理论提升的工学结合培养模式

（1）基于理论提升的专业学位培养模式

主要指支持在职攻读学位，注重实践性，以工作、学习同时兼顾，有机结合为特征。

（2）基于高校的教学基地模式

可利用地区高校优质的师资力量、先进的教学设施、丰富的教学经验等条件，使培养更具针对性、系统性、科学性。

（3）高校短期培养

指将人才送到高校进行短期集中学习，可以看作对人才的福利和激励，有一举多得之效。

（三）建设网络远程继续教育系统

1. 努力建设培养信息化服务平台

做好官方网站的建设，便利培养对象从网站获取培养资源；应用新技术平台，打造优质网络教育资源；升级现有网站运营设施设备，保障公共文化机构的内网及公网安全；充分运用各类平台建设新媒体课堂。

2. 完善公共文化系统远程网络培养模式

建设主题讲坛网站，设立专业技术、领导管理技术、政务管理知识、专业问题研究等相关主题；建立学习交流、互助和协同机制，实现在线交流；建立虚拟图书馆，保证网上学习的质量；建立学习评价系统，促使培养对象查漏补缺；建立主题反馈系统，针对反馈意见进行改进优化。

（四）大力建设内部培养师队伍

动员报名，方式可采取部门领导推荐和个人网上报名两种；筛选报名者，将业务知识、技能比较高的人作为重点考察对象；对培养师进行培养技能方面的训练，重点是培养活动的策划组织技巧；资格认证，由教育培养部门对培养师资格进行正式确认；档案管理，将培养师资格录入个人人事资料，作为绩效考核、晋升、薪酬评定的依据。

（五）完善科学的培养实施程序

1. 完善培养需求的分析

从组织分析入手，以任务分析为核心，结合人员分析，得出培养目标、培养对象和培养内容。

2. 确定培养评估目标

培养目标的设立要具体、明确、可衡量，由此获得可靠的评估数据。

3. 规范培养计划的设计环节

以基层公共文化机构发展战略为依据，具有超前性；以培养需求为依据，具有有效性；制订培养计划，具有系统性；以可掌握的资源为依据，具有可行性和经济性。

4. 落实培养计划的实施环节

明确培养的责任主体，即受训人才、人事主管部门、培养部门。提供培养相关制度的保障，包括培养上岗制度、培养责任制度、培养经费单列制度、培养奖励制度、培养档案管理制度、培养考评制度等。

5. 强化培养效果的评估与反馈

包括以下环节：界定评估目的、明确评估标准、制定评估方案、收集分析评估信息、实施评估、撰写评估报告、调整培养项目。

（六）树立现代激励管理理念

1. 树立以人为本的现代人力资源管理理念

（1）变被动为主动的激励管理

要把基层工作人员视为“第一资源”，积极对表现突出的基层人才进行物质和精神激励，满足不同人才的不同需求。

（2）结合人才需求，制定激励标准

结合人才对物质的需求、精神的需求、基本的环境设施需求和个人发展空间的需求，制定客观的激励标准，划分不同等级的奖励措施。

2. 畅通激励的沟通渠道

（1）建立自下而上的激励交流方式

基层公共文化人才向上级（管理层）提供信息反馈，汇报工作进度，发现需要激励的焦点问题。

（2）建立自上而下与自下而上相结合的激励交流方式

促进激励交流的双向沟通，拓宽激励的沟通渠道。

（七）完善基层公共文化人才薪酬体系

西南地区公共文化管理部门必须构建科学合理的绩效考核系统。在考核过程中，积极鼓励群众参与其中，监督整个过程，使考核过程公开化、透明化；将绩效考核结果与薪酬相结合，实现其激励效应。

1. 按岗定酬，突出岗位价值

从原来侧重工龄、以技能为核心转向侧重岗位条件、技术程度、劳动数量和劳动质量，真正形成“以事定岗、以岗定薪、岗变薪变”的岗位结构薪酬机制。通过岗位职位评价，合理拉开关键岗位与普通岗位的工资差距，突出岗位价值。

2. 按绩定酬，实行业绩工资制

薪酬设计要点在于对内具有公平性，对外具有竞争力。关注内部公平性，除了要通过职位评价来确定合理的岗位外，还要按绩效付酬，关键在于建立并实行奖惩分明的薪酬体系。

3. 建立与薪酬激励结合的精神激励手段

基层公共文化人才的薪酬可分为外在（物质）报酬和内在（精神）报酬。外在报酬是指提供的金钱、津贴和晋升机会；内在报酬指基于工作本身的报酬，即个体对工作本身或工作环境心理上的满足感，如工作胜任感、成就感、受重视、个人价值实现等。

（八）打通基层公共文化人才职业发展瓶颈

1. 建立晋升渠道，打破职称发展瓶颈

第一，实行职务、职称双梯式晋升。公开选拔，竞争上岗，对于优秀的基层人才破格提拔。第二，改革职称晋升制度。探索下放高级职称评审权，实行基层公共文化人才职称直聘办法。对职称外语、计算机应用能力考试不做统一要求，对基层公共文化人才不将发表论文等作为限制条件。

2. 职业生涯路径由“h”形向“H”形转变

“H”形职业生涯路径是双阶梯职业生涯路径，设置两条平行的职业发展通道，即管理阶梯和技术阶梯。基层人才可以通过提高自身各方面的能力，转变自己的发展路径。

（九）合理规划基层公共文化人才的发展

1. 建立人才的发展目标

将人员发展规划放在公共部门文化发展的总体规划中，既实现了人才的持续开发与利用，又实现了组织目标。

2. 建立科学的工作量化机制

在分析人才的数量、结构、性格及今后发展需要的基础上，制定具体合适的目标、政策和落实措施，使具体的工作目标能够量化到每个人身上。

（十）保障措施

1. 完善党管人才工作格局

发挥党委（党组）领导核心作用，建立完善党委统一领导，组织部门牵头抓总，有关部门各司其职、密切配合，社会力量发挥重要作用的格局。

2. 优化培养与激励机制运行的环境

（1）提高领导的重视程度

主管领导应意识到培养工作的重要性，身体力行，带头学习；各基层公共文化机构应贯彻执行上级部门的培养要求，同时因地制宜开展本部门的培养活动。

（2）提升组织文化建设

有计划、分批次地对基层公共文化人才进行培养；鼓励创新，为人才提供学习交流的平台；建立以职位薪酬、能力薪酬、绩效薪酬为价值导向的动态薪酬机制；采用训练、学习、会议等形式持续向人才灌输学习型组织的组织目标。

（3）加强培养硬件设施建设

加强教学基础设施建设，包括场地、教学设备等；加强网络远程教育平台建设，建设以省级为中心、以区县基层公共文化机构为支撑的两级网络体系。

3. 加强培养系统运行的资金保障

（1）强化培养资金预算机制

采取综合预算方法编制基层机构预算，要求基层机构将所有收支统一纳入预算中；规范预算编制方法，改进政府预算收支科目体系；根据年度预算执行结果进行总结评估，为未来的培养项目安排提供参考。

（2）实施培养投入收益分析机制

明确评估主体，主管部门应与评估部门分离；规范评估对象，比较分析培养前后的差异；优化评估方法，强化评价方法的科学性和适用性，从“为活动而培养”转变为“基于收益指标而培养”。

公共文化服务大数据的采集与分析基本方法研究

张桂刚*

摘　要： 本报告调查分析了我国公共文化服务领域大数据采集与现状，梳理了公共文化服务大数据来源及类型构成，在此基础上研究了公共文化服务大数据采集方法以及存储模式与机制，建立了公共文化服务大数据分析指标体系，构建了公共文化服务大数据分析方法及其技术实现手段。

关键词： 公共文化服务　大数据采集　数据分析

一　公共文化服务领域大数据采集与分析现状调查研究

针对公共文化服务领域的相关机构，调查研究其采取的数据采集方法和工具、数据采集内容、数据采集中的经验及问题、大数据分析的内容和方法、对大数据采集与分析的应用程度，借此了解我国公共文化服务领域的大数据采集应用程度。

（一）调查结果

通过官网调查、文献调查、网络文章及新闻的收集、北京地区著名公共文

* 张桂刚，博士，中国科学院自动化研究所副研究员，主要研究方向为飞机发动机智能故障诊断、人工智能、大数据、语义计算、智能机器人等。

化服务机构的实地调查、相关人士的在线采访等方式，得到以下调查结果。

1. 图书馆

仅仅将海量的数据作为馆藏资源的来源，对读者的借阅浏览行为也只是进行了记录，并未分析总结，大数据应用程度很低。

2. 博物馆

具有大数据特性的数据主要有三类：一是场馆的观众数据，二是数字博物馆上的用户行为数据，三是藏品的监测数据。但目前还远远达不到大数据的标准。

3. 文化馆

对数据的敏感度最弱，没有统一的数据采集方式，建立相应官方网站的更是少之又少。

4. 艺术馆及美术馆

采集情况基本上与博物馆相差无几。

（二）调研结论

目前我国公共文化服务领域的数据采集主要利用人力与计算机、数码相机、扫描仪等电子设备相结合的方式，采集到的数据也仅仅起到存档、查询的作用，没有对所获数据进行有方法、有目的的分析。可见，我国公共文化服务领域大数据技术的应用程度还很低，具体应用和研究亟待开发。

（三）建议

公共文化服务领域应从以下几个方面入手，做好迎接大数据时代到来的准备。

1. 管理层

建立数据管理部门与机构，确立数据管理政策，制定统一的标准，推广相对稳定统一的数据共享平台。

2. 技术层

创建公共文化场馆的大数据架构，探究解决大数据采集、存储、分析等方面难题的方法，并付诸实践。

3. 队伍建设

对公共文化服务机构工作人员进行数据管理及大数据方面的培训，培养出高素质公共文化服务机构工作人员团队。

二　公共文化服务大数据来源及类型构成

大数据指的是规模巨大以至无法通过传统方法进行有效的存储、管理、处理的数据，主要有五个特点：数据规模巨大、数据类型繁杂、价值密度低、商业价值高、处理速度极快。

（一）公共文化服务大数据的来源

1. 传统媒体

通过某种实物介质向社会公众发布各种信息的媒体，主要包括报刊、广播、电视及自媒体以外的网络等传统意义上的媒体。

2. 网络媒体

传播范围最广，操作简单方便，信息保留时间长，信息数据量远大于传统媒体，互动性强，成本低，效率高。不但公共平台可以发布信息，同时公众自身也可以产生数据信息。

3. 政府文件

一是行政机关直接针对特定公民和组织而制发的文件；二是行政机关不直接针对特定公民和组织制发的文件；三是行政机关内部因明确一些工作事项而制发的文件。

4. 其他来源

具有连续测量和报告运行情况功能的装置，如车辆中安装的监视器，这些设备产生的监测数据也属于公共文化服务大数据的范围。

（二）公共文化服务大数据的类型构成

1. 结构化数据

能够用数据或统一的结构来表示的信息，比如数字、符号等，相当于一个二维表格，较为简单，易于使用，查询统计方便，便于存储。

2. 非结构化数据

指无法使用二维表格方式来表现的数据，包括视频、音频、图片、文档等形式，处理方式更灵活，应用范围更广泛。

3. 半结构化数据

是一种结构不完整的数据，通常可进行自描述，数据的结构和内容混在一起，没有明显的区分。

三　公共文化服务大数据采集方法

（一）研究目标

本节主要研究相关数据的采集问题，包括对采集数据的要求、不同数据的采集方法、数据存储方法。

（二）研究领域

1. 辅助服务数据采集

指来自平台外但是能够为平台资源的组织、调度等提供有价值依据的数据，主要包括公共文化相关历史统计数据和公共文化相关网络数据。

2. 线下体验的用户数据的采集

一是公共数字文化全国共享服务平台会自动记录日志或抓取用户行为并存储在平台上；二是各种离线体验等应用系统会产生日志或者由特殊软件进行用户行为的抓取。

3. 公共数字文化全国共享服务平台的运行数据采集

公共数字文化全国共享服务平台在运行中会自动产生数据，或者通过某些特殊的软件插件获取平台本身在运行过程中出现的数据。这部分数据最客观、真实地记录了平台运行过程中资源的访问热度、平台的运行效率与故障、用户与资源之间的交互行为等情况，是最为重要的一部分数据。

（三）关键技术

基于传统纸质文献的数据的采集方法；基于新媒体的公共文化服务大数据的采集方法；基于文化体验设备的公共文化服务大数据的采集方法；文化机构的各种公共文化服务大数据的采集方法；文化机构或者文化服务提供者的大数据的采集方法；公共数字文化服务平台的运营数据采集方法。

（四）公共文化服务大数据采集方法

1. 数据采集路线

图 1 展示了公共数字文化共享服务的数据采集技术路线。该部分研究主要实现三大类数据的采集，分别是辅助服务数据、线下体验用户数据、平台运行数据。

2. 传统纸质文献数据采集

纸质文献的数据采集方法主要基于光学字符识别（Optical Character Recognition，OCR）技术，通过光学扫描仪将纸质文献扫描下来，然后通过文字识别技术进行数字化，转化成电子文档，最终成为公共文化服务大数据平台的有效数据。

目前国内最有实力的 OCR 文字识别产品有云脉 OCR、汉王 OCR、文通 OCR。应用程序大致如下：纸质文献→扫描处理→文件加工→存储管理→Web 服务器→查询检索→本地阅读或远程阅读。

3. 网络公共文化服务大数据采集

（1）网页抓取技术

网页抓取技术，也称网络爬虫机器人，根据网页 IP 地址，通过网页之间的链接关系，按照一定规则对网页的内容进行抓取。大致分为以下类型：通用网络爬虫、聚焦网络爬虫、增量式网络爬虫、深层网络爬虫。实际应用中，通常将几种爬虫技术融合在一起。

（2）网页抓取策略

深度优先策略，适用于爬行页面层次较浅的垂直搜索或站内搜索的情

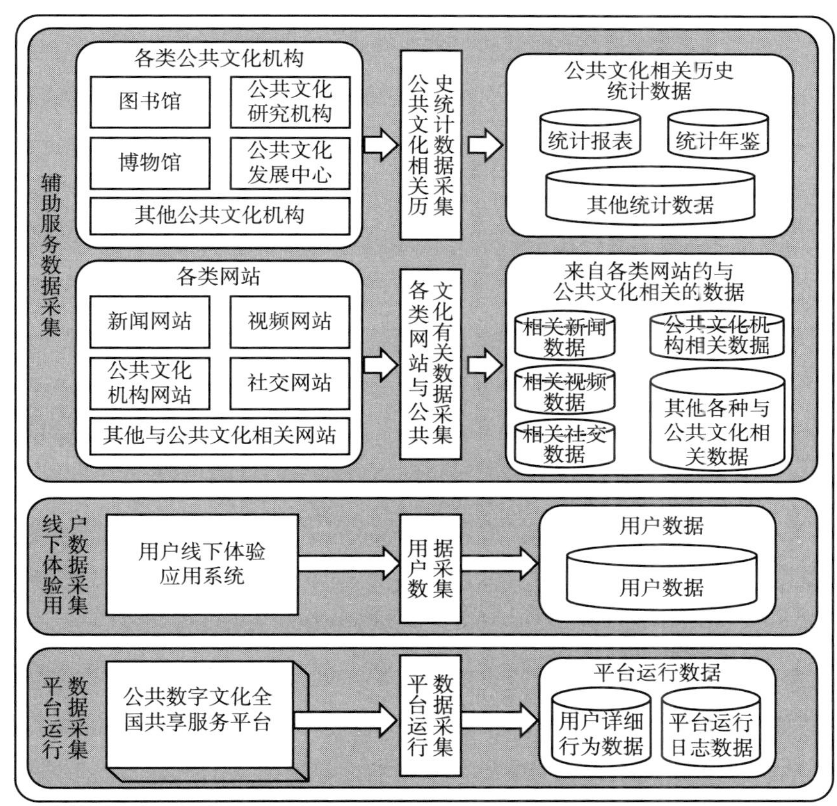

图1　公共数字文化共享服务的数据采集技术路线

况；广度优先策略，能够有效控制页面的爬行深度，避免遇到无穷深层分支时无法结束爬行；最佳优先抓取策略，与网页分析算法结合使用，只抓取那些经过分析计算后被认为最有价值的页面。

（3）开源网页抓取工具

本研究使用 Apache Nutch① 作为网页抓取工具，主要用于网页数据采集，进行分析并建立索引，同时提供访问接口对网页数据进行查询。Nutch

① 邵秀丽、刘彬、张涛：《基于 Nutch 的垂直搜索引擎的设计和实现》，《计算机工程与设计》2011 年第 2 期。

使用 Hadoop 进行分布式计算与存储，索引使用开源的 Solr① 分布式索引框架来实现。

4. 基于文化体验设备的用户行为大数据采集

（1）体验设备传感器数据采集技术

传感器将物理变量转化为数字信号以待处理，其工作原理是通过有线或无线网络将信息传送到数据采集点，目前正朝着智能化、虚拟化、网络化方向发展。

（2）软件系统用户行为数据采集技术

对于离线体验等应用系统的数据采集，可以采用日志采集的方式或使用特殊的抓取软件进行。网络信息抓取软件能够根据设定的抓取目标和范围，在网页中抓取所需信息并经过一系列处理后保存到数据库中。

5. 文化机构的各种公共文化服务大数据采集

由于数据保密性要求较高，需要通过协商，与企业或研究机构合作获取数据。采用基于 RESTful API 的统一数据访问接口，通过该接口提交简单的 HTTP 请求来获得数据。

6. 大数据平台运行数据采集

线上平台资源的使用情况以及平台的性能变化情况、用户行为的原始数据会以日志文件的形式被记录下来。Web 服务器日志文件格式有三种类型：通用日志文件格式、扩展日志文件格式和 IIS 日志文件格式。所有的日志文件格式都是 ASCII 文本格式。

（1）平台资源日志采集技术

对于公共文化服务大数据平台资源使用以及平台性能日志的采集，本研究使用 Apache Flume 来实现。数据采集过程如下：①Flume Agent-1 从平台资源日志和平台性能日志中提取最新的数据；②Flume 将提取的日志数据传送到平台日志数据处理模块；③日志数据处理模块利用 Spark

① 王小正、侯青：《基于 Nutch 和 Solr 的基础教育垂直搜索引擎的实现》，《电脑知识与技术》2012 年第 4 期。

Streaming 实时计算框架对日志数据进行处理，提取日志分析所需要的有效数据；④Spark Streaming 实时计算框架将数据发送回平台日志数据处理模块；⑤平台日志数据处理模块将有效的日志数据发送到 HBase 数据库进行持久化存储。

（2）用户行为日志采集技术

①Web Usage Mining

指从 Web 服务器端记录的用户访问日志和用户浏览信息中抽取感兴趣的模式的过程。主要面临三个基本的问题：用户识别、用户会话识别、用户在 Web 页面停留时间的计算。

②数据采集的分类

按照用户行为数据的采集位置，可以分为基于服务器端采集、基于客户端采集和基于代理服务器端采集。按照采集数据的策略不同，可以分为主动方式和被动方式，这两种分类方式可以组合使用。

7. 其他数据源的采集方法

其他数据源的采集方法包括：利用网站公开 API 等方式从网站上获取数据信息；与企业或研究机构合作，使用特定系统接口等相关方式采集数据；使用 DPI 或 DFI 等带宽管理技术采集数据。

（五）公共文化服务大数据存储模式与机制研究

1. 公共文化服务大数据存储模式与机制

在进行数据的持久化存储之前，必须进行数据预处理，对数据进行清洗、转换等。采集的原始数据被分为结构化数据、半/非结构化数据，前者被存储在 MySQL Cluster 数据库集群中，后者被存储在 NoSQL 数据库 HBase 中。

2. 海量数据预处理技术

数据清洗（Data Cleaning）的目标是找出并剔除错误的或者不符合要求的数据，包括以下三种方式。

错误数据纠正和清理：当数据出现偏差，如果可以纠正，则进行纠正，否则就剔除错误数据。

数据去重：剔除重复的数据。

格式转换：将异构数据转换为公共文化服务大数据平台所定义的数据结构。

3. 海量数据装载技术

清洗后的数据需要在存储系统中进行装载，为了提高数据处理的效率，本研究使用分布式消息系统 Apache Kafka 作为数据清洗和数据装载之间的数据缓冲。①

4. 关系型数据库

结构化数据主要是指文字、数字等的使用二维表描述的信息，包括释义、发展历史等，这些数据适合保存在关系型数据库中。基于可扩展性和高可用性，本研究使用了 MySQL Cluster 数据库集群技术来管理关系型数据。②

5. NoSQL 数据库

主要指非关系型、不使用 SQL 作为查询语言、不保证严格的 ACID 性质、面向分布式的数据库设计模式。NoSQL 数据库是在超大数据规模、高并发请求、数据结构复杂的应用环境中建立起来的。

6. 分布式文件系统

（1）Google 文件系统

Google 文件系统（Google File System，GFS）③ 是一个面向大规模数据密集型应用、可伸缩的分布式文件系统，和 MapReduce、BigTable 一起组成 Google 云计算的三大核心技术。系统的工作负载主要由大规模的流式读取和小规模的随机读取两种读写操作组成。

---

① J. Kreps，N. Narkhede，J. Rao，"Kafka：A Distributed Messaging System for Log Processing，" Athens，Greece：ACM，2011.

② C. Bunch，N. Chohan，C. Krintz et al.，"An Evaluation of Distributed Datastores Using the AppScale Cloud Platform，" Washington，D. C.：IEEE Computer Society，2010.

③ V. Abramova，J. Bernardino，"NoSQL Databases：MongoDB vs Cassandra，" in Proceedings of the International C＊ Conference on Computer Science and Software Engineering（C3S2E'13），New York，USA.

（2）Hadoop 系统

Hadoop 是一个类似于 MapReduce 的分布式计算架构。以 Hadoop 为依托，成功开发了若干优秀的子项目，包括 HDFS、HBase、Hive、Pig 和 Zookeeper 等，共同形成了一个性能优良、功能齐全、容易开发和部署的系统。

四　公共文化服务大数据分析指标体系研究

首先通过专家访谈、文献调查等方法确定指标体系的制定方法，然后针对公共文化服务大数据的实际使用要求确定指标体系中的单个指标，最后根据选定的单个指标建立科学的指标体系，并通过指标体系的评测和优化方法评价指标体系的优劣。

（一）公共文化服务大数据分析指标

1. 网站流量指标

访问量（Page View）、独立 Ip、独立访客（Unique Visitor）、重复访客（Repeat Visitor）。

2. 用户行为指标

访问深度（Depth of Visit）、每次访问的平均页面数、新访客、新访客比例、最近访客、同时在线人数、最高小时在线人数、访问入口、访问出口、首页访问数、跳出率（Page Bounce Rate）、访客所用搜索引擎、访客所用关键字、访问时长、来源分析、总数据、被访页面、当前访客活跃度、访问路径、访问频度。

3. 用户访问方式指标

地理位置、网络服务提供商、IP 段、浏览器类型、操作系统类型、语言环境、Cookie 支持、终端类型。

4. 平台建设指标

（1）数据存储指标

存储系统的存储能力达到 TB/PB 级别。

（2）计算能力指标

具备分布式并行计算能力，能够处理 TB/PB 级别的数据运算。具备实时流计算能力，能够进行秒级别的实时计算。

（3）系统性能指标

具有可伸缩扩展性，即系统在性能不足或过剩的时候可以增加或减少资源，具备线性水平扩展的能力。

（4）可靠性指标

具有容错能力，在出现一定故障的情况下，系统仍可正常运行。具有数据冗余能力，通过数据分布式存储，防止数据对视。具有故障恢复能力，节点出现故障的时候，能够自动恢复正常功能。

（5）安全指标

具有用户授权/验证功能，能够对用户的系统访问权限进行管理。具有计算机节点的授权/验证功能，能够对来访的计算机进行安全验证。具有传输加密功能，保证数据在传输过程中的安全。具有网络安全接口，具备网络隔离能力。

（二）公共文化服务大数据分析指标体系的评测和优化

按照指标体系评测原则，不断对指标体系进行优化，常用原则有以下5条。

1. 目的性原则

指标体系构建要紧紧围绕提供最准确、最合理的大数据分析方法这一目的，全方位、多角度地提供不同指标。

2. 科学性原则

体系结构的确定、指标的选取、运用的计算方法等都要满足科学性要求。

3. 系统性原则

指公共文化服务大数据分析指标体系的构建过程中选取的各个指标需要有一定的逻辑关系。

4. 典型性原则

指选取的各个指标要具有一定的代表性，既不过于繁杂也不过于简单。

5. 可比、可操作、可量化原则

指标的选取要注意总体范围内的一致性，并且要具有很强的现实可操作性和可比性，能够进行量化处理，便于计算和分析。

五　公共文化服务大数据分析方法研究

本研究集中于公共文化服务大数据的分析算法和方法、分析平台以及分析流程。主要针对以下几个方面：公共文化服务大数据分析算法、公共文化服务大数据分析平台、公共文化服务大数据平台系统资源管理方法和优化算法。

（一）常用数据挖掘方法

1. 聚类分析

聚类（Cluster）分析又称群分析，是研究（样品或指标）分类问题的一种统计分析方法，也是数据挖掘的一个重要算法。由若干模式（Pattern）组成，以相似性为基础。其算法主要可以分为划分法、层次法、基于密度的方法、基于网格的方法。

2. 分类分析

通过对已知类别训练集的分析，从中发现分类规则，以此预测新数据的类别。单一的分类方法主要包括决策树、贝叶斯、人工神经网络、K-近邻、支持向量机和基于关联规则的分类等。另外还有用于组合单一分类方法的集成学习算法，如 Bagging 和 Boosting 等。

3. 关联分析

关联分析又称为关联挖掘，主要用于发现大规模数据集中隐含的有意义的联系，这些联系可以用关联规则或频繁项集来表示。本研究使用从事务数据集中发现频繁项集并推出关联规则的过程来描述关联规则挖掘的过程。

（二）公共文化服务大数据分析算法

对从不同的数据源采集到的公共文化服务数据进行统一存储，并进行数据分析，主要集中在两方面：公共文化服务大数据访问情况的分析、大数据平台资源分析。

1. 公共文化服务大数据分析算法

（1）基于资源访问热度的分析

根据互联网公共文化资源的情况进行数据分析，找出当前的文化热点及其影响领域。本研究使用聚类分析和分类分析相结合的方法，确定当前的文化热点，找到文化热点之间的关联和文化热点的形成规律。

（2）基于地区的资源访问类型分析

根据特定地区用户对公共文化资源的访问数据，挖掘出该地区资源访问类型的规律，探索用户对公共文化产品和服务的类型喜好。本研究将采集到的数据按照地区和资源类型进行分类统计，找出每个地区用户访问量 Top 3 或 Top 5 的资源类型。

（3）基于时间段的资源访问分析

对公共文化资源访问的时间序列数据进行分析，找寻用户对公共文化资源访问的时间规律，建立公共文化资源的时间访问模型。本研究采用时段分析的方法，对每个时间段访问的公共文化资源进行统计，得出用户访问量变化趋势，并找出各个时间段内 Top 3 的资源类型。

（4）公共文化内容的热点主题分析

通过分析信息的主题发现当前公共文化热点，进而对用户进行热点内容的推荐。主要采用主题模型分析法，最常用的是 LDA（Latent Dirichlet Allocation）模型。

2. 公共文化服务大数据平台资源优化模型

（1）公共文化服务大数据平台性能管理方法

主要是对公共文化服务大数据平台的平均响应时间和吞吐量进行监控，在性能出现严重不足时进行节点的水平扩展，增强性能；在性能过剩的时候，减少节点，降低成本。本研究使用预测性分析方法分析平台资源使用的历史时间序列数据，并进行趋势预测，包括短期性预测和长期性预测，分别以小时和天为单位。

（2）公共文化服务大数据平台资源分配模型及算法

公共文化服务大数据平台的性能何时进行扩展、如何扩展，是本研究的重点。首先构建一个资源分配模型，从网络资源、计算资源和存储资源三个方面进行扩展。在发现资源短缺之后，根据具体的资源类型研究负载均衡机制，以最优方式进行水平扩展。

（3）公共文化服务大数据平台智能放置方法

根据访问的频度来确定数据是否常用，根据数据常用性选择合适的存储介质，进行智能放置，同时针对不同用户并发访问量进行动态和灵活的配置，达到平台资源利用率的最大化。

（4）公共文化服务大数据平台优化系统

该系统采集平台运行日志和用户行为数据，并进行原始数据的处理和存储。然后通过数据分析模块对处理过的数据进行分析，而后借助平台性能优化模块进行平台资源智能放置。

3. 用户个性化推荐

（1）个性化服务技术现状

个性化服务通过收集和分析用户信息来了解用户的兴趣和行为，进而实现主动推荐的目的，有效提高了站点的服务质量和访问效率。在表现形式上，包括个性化信息检索和个性化资源推荐等。前者是根据用户的兴趣和特点进行检索，返回与用户需求相关的检索结果；后者则是根据用户已有行为，计算并向用户推荐可能符合其品位或兴趣的资源的过程。

（2）推荐系统现状

推荐系统（Recommender System）是指产生个性化推荐并进行输出的系统，或是使用个性化方式引导用户在一个很大的可选择空间中选择有趣或者有用条目的系统。通常由三部分组成：行为记录模块、模型分析模块和推荐模块。

(3) 推荐技术现状

推荐系统的核心是推荐技术，即各种个性化推荐算法。当前主要推荐技术有协作过滤推荐、基于内容的推荐、基于用户统计学的推荐、基于知识的推荐、基于规则的推荐。

(4) 协作过滤算法现状

协作过滤算法通常分为基于内存（Memory-based）的协作过滤算法和基于模型（Model-based）的协作过滤算法。前者是将所有数据读入内存，然后利用这些数据计算出所有相关用户（或条目）之间的相似度，再利用相似度根据有效的推荐算法推荐出合适的资源，这一过程中主要采用最近邻算法（K-nearest Neighbors）；后者一般先利用打分矩阵建立一个模型，然后在这个模型中计算用户与用户之间或条目与条目之间的相似性，主要采用统计或机器学习方法建立模型。

(5) 基于物理模型的推荐算法

将复杂网络引入推荐算法的分析中，并在此基础上引入物理中的物质扩散和热传导原理。这类推荐算法不需要考虑用户和商品的属性，仅把它们抽象为节点来分析其中的关系。

(6) 基于社交网络的推荐算法

通过分析用户的社交关系建立社交图谱和兴趣图谱，前者用于描述用户之间的相似性，后者用于描述用户对于不同兴趣爱好的偏好程度，在此基础上建立相应算法。

(7) 面向公共文化服务的推荐系统架构设计

面向公共文化服务的推荐系统架构主要包括七部分：可视化及用户交互模块、数据采集模块、分析模块、数据存储模块、精准推荐模块、评估模块、系统管理模块。

4. 数据分析算法的计算框架

(1) 基于公共文化服务大数据分析算法的并行编程模型

根据研究出的公共文化服务大数据分析算法模型，构建适应大规模数据分析的并行编程模型。使用 Hadoop MapReduce 或者 Apache Spark 作为并行计算框架。

（2）基于公共文化服务大数据网络拓扑分析的图计算框架

根据研究出的公共文化服务大数据，基于网络拓扑分析的算法模型，构建适应大数据分析的图计算模型。使用 Spark GraphX 作为图计算框架。GraphX 将图计算和数据计算集成到一个系统中，数据不仅可以被当作图进行操作，同样也可以被当作表进行操作。

（三）公共文化服务大数据分析平台建设方案

1. 公共文化服务大数据分析平台逻辑架构

公共文化服务大数据分析平台逻辑架构采用标准的云计算三层架构设计方案。基础设施层（IaaS）在物理硬件设备基础上，使用虚拟化技术，创建虚拟资源，构建并管理虚拟机集群；平台服务层（PaaS）提供数据管理和计算服务，为分析应用系统提供基本的存储和计算平台；应用层（SaaS）主要提供各种分析应用系统，面向终端用户（见图 2）。

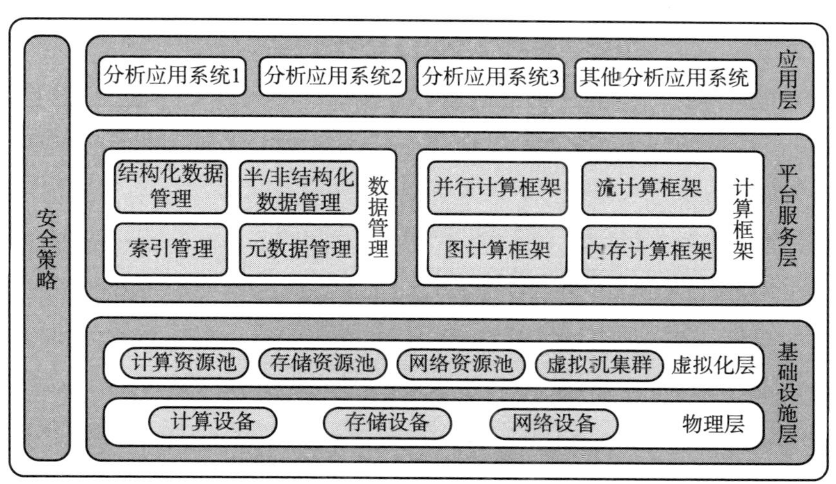

图 2　公共文化服务大数据分析平台逻辑架构

2. 公共文化服务大数据分析平台技术架构

在公共文化服务大数据分析平台逻辑架构的基础上，设计了公共文化服务大数据分析平台技术架构，如图 3 所示。

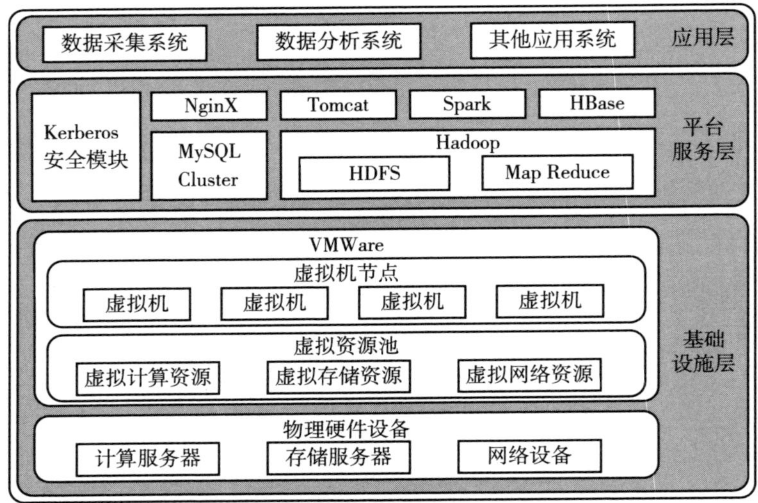

图 3　公共文化服务大数据分析平台技术架构

公共文化服务大数据分析平台逻辑拓扑结构如图 4 所示。

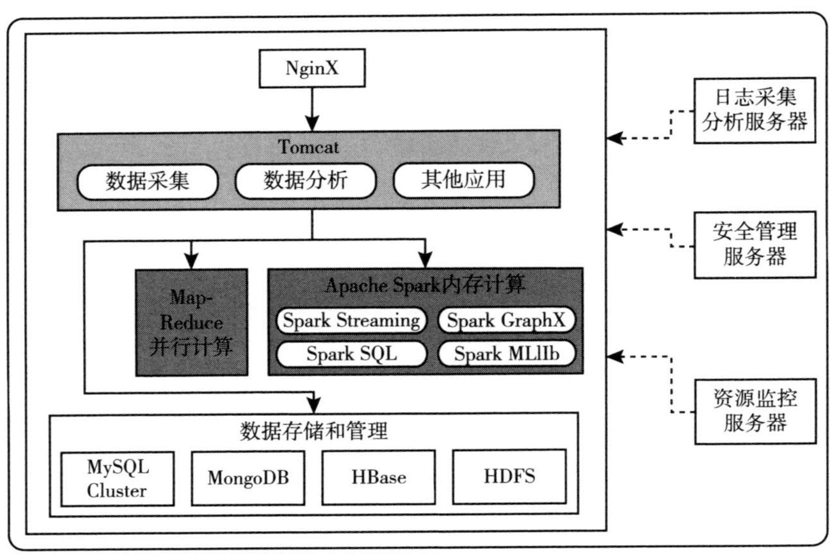

图 4　公共文化服务大数据分析平台逻辑拓扑结构

3. 硬件虚拟化技术

基础设施层主要对硬件进行虚拟化资源的创建和管理，本研究使用开源的虚拟化技术和平台，组建全虚拟化的计算机集群。

（1）开源硬件虚拟化平台

OpenStack 是目前应用最广泛的开源基础硬件虚拟化技术，能够有效地将硬件资源虚拟化并进行管理。

（2）虚拟计算机集群建设

利用虚拟化技术，创建虚拟机作为计算机节点，以此构成完整的虚拟计算机集群。

4. 大规模多源异构数据集成技术

制定平台组件间的数据交换规范，设计符合 RESTful API 的统一数据访问接口，满足平台组件之间松耦合性的要求。

5. 数据管理技术

（1）结构化数据的管理

MySQL Cluster 数据库集群技术具有可扩展性和高可用性，适合分布式的关系型数据管理。

（2）非结构化和半结构化数据的管理

HDFS 文件系统：可伸缩的、可扩展的分布式文件系统，具有高可用性。

HBase 数据库：基于 HDFS 的 NoSQL 数据库，适合存储半结构化和非结构化数据。

MongoDB 数据库：用于半结构化数据的 NoSQL 文档数据库，优点是写入速度快、查询速度快、可扩展。

（3）元数据的管理

对于一些有元数据管理需求的非结构化数据文件，可以将文件存储在文件系统中，并将元数据以及文件的索引存储在关系型数据库集群 MySQL Cluster 中。

6. 基于 Hadoop 的计算框架技术

（1）内存计算框架的研究

Apache Spark 是基于 Hadoop 平台的内存计算框架，它将算法运算的中间数据存放在内存中，减少磁盘 I/O 操作，极大地提高了计算的速度。

（2）并行编程模型

MapReduce 是 Hadoop 平台提供的并行编程模型，支持较高的数据吞吐量，很适合进行大规模数据的并行计算，具有高运算效率。

（3）流计算技术

Spark Streaming 是 Spark 框架提供的流计算技术，可以将连续的数据离散化成 RDD（弹性分布式数据集），然后对指定时间区间（通常是以秒为单位）内的 RDD 进行分批处理，实现流计算。能够达到秒级别的计算速度，适用于实时计算场景。

（4）图计算技术

Titan 图数据库技术：开源的分布式图数据库，后端数据存储采用 HBase 或者 Cassandra 数据库，提供统一的数据操作接口。

Spark GraphX 图计算技术：基于 Spark 内存计算框架的分布式图计算技术，适合进行迭代计算和运行基于图论的机器学习算法。能够从 HBase 等数据库中读取数据，并将数据从表形式转换成图形式。

7. 平台安全管理

（1）数据加密技术

SSL（Secure Sockets Layer，安全套接层）①，是一种网络传输安全协议。② 使用数字证书技术对用户和服务器进行认证，使用非对称的公钥加密算法对数据加密，有针对数据完整性的验证机制。

（2）授权认证技术

Kerberos 安全认证协议能够对计算机集群的节点进行授权，主要用于计

① F. P. Karlton，P. Kocher，“The SSL3. 0 Protocol，” Netscape Communications Corp，1996.

② T. Dierks，C. Allen，“The TLS Protocol Version 1. 0，” Internet Engineering Task Force，1999.

算机网络的身份鉴别。[①] 每个节点和 Kerberos 服务器之间都建立了共享密钥，安全性很强。

（3）访问控制技术

在公共文化服务大数据分析平台系统中，不同的用户会有不同的数据访问权限，平台采用基于角色的访问控制（RBAC）[②]，对不同的角色分配不同的访问权限。

（4）网络防火墙技术

使用反向代理服务器技术作为网络防火墙，将公共文化服务大数据平台与外界网络隔离开。应用接口是平台服务层提供给外界的统一接口，能够使用各种分析服务以及进行数据访问。

8. Hadoop 生态圈安全技术研究

（1）Apache Knox Gateway

Apache Knox 提供了单点安全访问控制模式，对 Hadoop 集群的访问请求进行控制。通过 REST API 为客户端提供 Hadoop 访问接口，并为 Hadoop 集群构建了防火墙。

（2）Apache Sentry

Cloudera 公司提供了安全管理模块 Sentry，功能如下。

细粒度访问控制：提供细粒度的访问控制，针对服务器、数据库、表和视图等提供了不同特权级别的访问控制。

基于角色的权限管理：通过基于角色的授权来简化管理，可以对多个用户或者用户组授予不同权限。

多租户管理：为不同管理员所管理的数据集设置权限。

统一平台：提供统一平台，使用 Kerberos 协议实现机器级别的安全认证。

---

① J. Kohl, C. Neuman, *The Kerberos Network Authentication Service (V5)*, United States: RFC Editor, 1993.

② D. F. Ferraiolo, D. R. Kuhn, "Role-Based Access Control," in 15th National Computer Security Conference, October, 1992.

博物馆公共文化服务标准化研究

——以江苏省为例

邢致远*

一 我国博物馆公共文化服务标准化的发展现状

（一）我国博物馆概况

截至2015年底，我国登记注册的博物馆已达到4692家，其中，国有博物馆3582家，非国有博物馆1110家，分别占全国博物馆总数的76.3%和23.7%。

当前，中国博物馆事业健康发展，博物馆数量快速增长，公共文化服务和社会教育水平显著提升。2016年，中国有4013家博物馆向社会免费开放，占全国博物馆总数的85.5%。①

（二）推进我国博物馆公共文化服务标准化的举措

2004年中共中央宣传部、文化部、国家文物局联合印发了《关于进一步加强博物馆宣传展示和社会服务工作的通知》，2008年2月国家文物局印发《全国博物馆评估办法（试行）》《博物馆评估暂行标准》等文件，2010年5月国家文物局制定了《国家一级博物馆运行评估规则（试行）》和《国家一级博物馆运行评估指标体系（试行）》，对首批83家国家一级博物馆进行运行评估。

---

* 邢致远，江苏省文化和旅游厅副调研员，主要研究方向为文化艺术事业发展与文化遗产保护管理等。

① 《我国85%博物馆免费开放 每年约7亿人次参观》，中国政府网，2016年5月18日，http：//www.sach.gov.cn/art/2016/5/18/art_1027_130969.html。

《博物馆事业中长期发展规划纲要（2011—2020 年）》中关于博物馆的公共文化服务发展任务对博物馆的陈列展览、公共教育、文化传播、免费开放、文化产品开发等五方面提出要求，包括推进博物馆陈列展览精品工程、博物馆纳入国民教育体系制度化、创新博物馆文化传播、深化免费开放、加强文创产品开发。

2016 年 3 月 4 日国务院颁布《关于进一步加强文物工作的指导意见》，要求完善博物馆公共文化服务功能，扩大公共文化服务覆盖面，将更多的博物馆纳入财政支持的免费开放范围。建立博物馆免费开放运行绩效评估管理体系。加强革命老区、民族地区、边疆地区博物馆建设，促进博物馆公共文化服务标准化、均等化。

（三）我国博物馆公共文化服务标准化示范地区

国家文物局 2011 年 7 月印发《国家文物博物馆事业发展“十二五”规划》，指出要加快制定文物博物馆公共文化服务机构的服务标准和服务规范，健全文物博物馆公共文化设施服务公示制度，创建文物博物馆国家公共文化服务体系示范区。

2011 年 5 月 18 日“国际博物馆日”，北京市文物局在全市博物馆推行实施《北京地区博物馆服务接待标准及工作流程（试行）》，旨在使北京地区博物馆以一流的环境、一流的展示、一流的服务，更好地发挥博物馆服务大众的功能，不断提高北京市博物馆服务接待工作水平。2015 年的“国际博物馆日”，北京市文物局主编的《博物馆工作规范（试行）》《博物馆常用英语》发布，其分别成为首部博物馆行业内系统的工作规范和英语教材。

二　江苏省博物馆公共文化服务基本情况

（一）江苏省博物馆事业发展现状

截至 2015 年 12 月，江苏地区在文物行政主管部门备案的博物馆数达到

312 家，其中免费开放的博物馆 233 家，占登记备案博物馆总数的 74.7%；按机构类型划分，综合类 78 家，历史类 143 家，艺术类 61 家，自然科技类 8 家，其他类 22 家；按隶属关系划分，省属博物馆 3 家，地市级博物馆 128 家，县级博物馆 181 家，[①] 逐步形成以文物系统博物馆为主体，以非文物系统国有博物馆、行业博物馆、民办博物馆等多种形式博物馆为辅助的江苏博物馆事业发展格局。

（二）江苏省博物馆公共文化服务项目经费支出概况

江苏省文物系统博物馆、行业博物馆公共文化服务运营经费的投入方主要是博物馆所隶属的管理部门，由同级政府财政对所属博物馆提供直接或间接经费支持。在所有项目支出中，文物征集、藏品保护、陈列展览、教育科研等公共服务项目支出所占比例较为稳定和均衡。民办博物馆公共服务的资金投入和供给主体是创办者个人或企业，服务项目支出在所有项目支出中的比例不如文物系统博物馆及其他部门（行业）博物馆稳定和均衡。

（三）江苏省博物馆公共文化服务人才队伍现状

各门类专业技术人员紧缺是江苏省博物馆公共文化服务人才资源配置优化过程中存在的主要问题。江苏许多市县级博物馆尚未成立专门的学术研究机构和配置各门类专业人才，人才培养工作相对薄弱，考古发掘、文物保护、陈列展览、文化创意等专业人才尤其紧缺，高级人才的配备率不高，专业技术人才增速缓慢。

“十二五”以来，江苏各地博物馆积极探索人事制度改革，推动人才队伍建设。南京市博物总馆建立了“对内搞活流动、对外广纳贤才”的用人机制；六朝博物馆开展“理事会”机构试点工作，通过“专家治馆”的方式提升博物馆专业化水准。

---

① 江苏省文化厅：《江苏省文化统计年鉴（2015）》。

（四）江苏省博物馆公共文化服务项目与内容

1. 博物馆藏品日益丰富，服务效能显著提高

“十二五”时期，江苏地区博物馆特别是文物系统博物馆的藏品管理与利用水平均有不同程度的提高，为陈列展览、宣传教育、科学研究等业务工作的开展创造了良好条件。

2. 陈列展览水平提升，满足社会大众需求

“十二五”期间，江苏共有47个展览项目在基层博物馆巡展240余场，吸引观众550余万人次。南京博物院“南都繁会・苏韵流芳——南京博物院基本陈列”、苏州博物馆“衡山仰止——吴门画派之文徵明特展”、南京市博物总馆（六朝博物馆）“六朝历史文明”获得全国博物馆十大陈列展览精品奖，南京博物院“和・合——中国传统文化和人文精神系列展”、南京市博物总馆（中共代表团梅园新村纪念馆）“崇高的精神，永远的榜样”入选国家“弘扬优秀传统文化、培育社会主义核心价值观”主题展览项目。2015年，南京市博物总馆大力开展与国内外知名博物馆的展览合作交流，主办或承办了“瞬间・永恒——加拿大世界人像摄影大师优素福・卡什原作展”“拉丁美洲的颜色——瓜亚萨明作品展”“跨越海洋——中国海上丝绸之路九城市文化遗产精品联展”“魅力永恒的童话力量——安徒生童话进入中国百年纪念展”等展览。

3. 科研水平全国领先，各类项目成果丰硕

南京博物院主持发掘的句容金坛周代土墩墓群（2005）、张家港东山村遗址（2009）、盱眙大云山江都王陵（2011）、泗洪顺山集遗址（2012）等先后被评为“中国十大考古新发现”；“旧纸张保护技术”“复方中草药杀虫剂”等文物保护技术获各级大奖，“青铜器保护新材料”“白蚁防治新药”等研究成果在全国推广；在古建筑研究、大遗址保护、古代艺术研究、非遗保护与传承等领域承担了各级科研课题和项目。

南京市博物总馆先后完成《南京市博物馆纵览》汇编、《图说南京》之《明功臣与南京》《图说太平天国》大纲编写、《南京新出南朝砖拼壁画墓砖文精选》编撰等工作；课题研究亦取得突破，“南京云锦织造技艺传承与展

示”“南京明代官营造船业研究”“元明清织金织物研究”“历史文化名城中的大遗址信息化保护与再利用探讨——以六朝陵墓石刻遗址为例”等被列入南京市、江苏省课题。

4. 发挥宣教基地作用，研究设计活动项目

江苏文博场馆与所在地域的教育主管部门及高校、中小学、幼儿园等教育机构共建教育基地，积极开展社会教育活动。同时利用展览、藏品、人才等资源助力青少年教育活动项目的研究设计。

南京地区红色革命纪念场馆做大做强红色文化品牌活动。一是抓住重要节庆日、人物纪念日和党史事件策划举办主题教育活动。二是坚持“走出去”战略，打造流动的红色教育课堂。雨花台烈士纪念馆、中共代表团梅园新村纪念馆、渡江胜利纪念馆深入学校、部队、机关、工厂、街道开展巡展和宣讲。三是广泛开展各类馆校共建和社会实践活动，据不完全统计，南京各大红色场馆已与省内外300多家单位建立起形式多样的共建关系。

5. 信息化建设加快，丰富互动与体验内容

2013年11月，南京博物院数字馆建成并对公众开放，拓展了博物馆公共文化服务空间。江苏大多数博物馆借助官方微博、微信公众号等新媒体向公众发布最新动态，丰富了观众体验方式。

6. 文创产品开发大力推进，文化辐射力日趋增强

2016年，南京博物院、南京市博物总馆、南京市城墙保护管理中心以及苏州博物馆成为全国文博系统文化创意产品开发试点单位，初步展示了文创产品开发工作在传承中华优秀传统文化、服务社会大众等方面的成效。

三　博物馆公共文化服务设施与人员配置标准化研究

（一）博物馆公共文化服务设施标准化研究

博物馆的文化设施包括场馆等硬件设施，以及为观众服务提供支撑的保障设施和促进观众体验升级的附加设施。博物馆为公众提供了学习、休闲的空间，是提升和丰富大众精神文化需求的保障。

1. 博物馆设施布局的合理性与系统性

目前国内与博物馆建设相关的标准性文件有《博物馆建筑设计规范》《文物系统博物馆风险等级和安全防护级别的规定》《文物系统博物馆安全防范工程设计规范》《博物馆照明设计规范》《环境空气质量标准》及相关防火规范。但对于博物馆设施的详细规定和研究还相对匮乏，在技术标准之外，博物馆的个性化特点、发展理念都需要进一步融入博物馆硬件建设。

2. 基础设施：场馆及其他功能设施

除故居等依托原有建筑的博物馆外，一般博物馆要依据《博物馆建筑设计规范》建造。博物馆基础设施类型应围绕其收集和保护、教育和研究、开放和服务的职能而建设。馆内基础设施应依据博物馆的藏品规模、馆舍规模、预计访客量、服务辐射面积等呈现一定的比例关系，以适用为原则。空间布局上要综合考虑安全、方便、清晰、合理等因素。

（1）场馆规划的标准化探讨

应建立覆盖所有博物馆的合理规模分级和适应博物馆规模的社会效益评估标准。博物馆的价值评估（包括藏品量、藏品独特性等）、服务人口（观众年参观量、博物馆的服务半径以及博物馆与人口的比率等）应成为博物馆规模和各项设施的基本建设依据。

博物馆公共文化服务体系及标准建设的目的是提高博物馆运营水平，推进博物馆的均衡发展和健全发展。因此均衡性和博物馆密度应是区域博物馆的规划依据。

（2）场馆与各功能区设置

各功能区主要分为展厅、库房和其他功能区，展厅面积占40%~50%，[①] 库房面积与展厅相当或是展厅的2/3，办公区、博物馆商店、活动教室、学术报告厅等其他功能区约占总面积的1/3。[②] 对于已经建成的博物馆，展厅

① 《建筑设计资料集》（第二版），中国建筑工业出版社，1994。

② 王宏钧：《中国博物馆学基础》（修订本），上海古籍出版社，2006。

面积过小且无法改造者，可通过提高展览更换频率或展览输出、巡展等形式进行弥补；展厅面积过大者，可在展厅中增加互动区域，实现博物馆教育等功能。

库房的建设应以安全、方便、卫生为原则。其建设标准为：一级风险等级，一级抗震，一级耐火，防水、防霉、防盗、防潮，配有消毒间。宜选址在大楼的中间楼层，不宜建设地下库房。库房面积应满足藏品收藏需要，并为藏品数量增长留出收藏空间。

文物藏品达一定规模的博物馆需具有一定类型文物藏品的修复资质，并建设藏品保护与修复场所，配备相关设备，具备一定数量的文物藏品修复人员，拥有常规科研实验室、仪器室。

3. 保障设施

博物馆建筑及馆内固定设施、消防设施、安保设施和生活服务设施应按照《博物馆建筑设计标准》《建筑设计防火规范》等标准设计，提升博物馆服务质量。

4. 促进体验升级的附加设施

博物馆具有教育和休闲娱乐功能，应根据观众的需求和本馆理念发展特色服务，如儿童区、活动教室、学术报告厅、图书资料室、影视厅、咖啡馆、茶座、书店、博物馆商店等。

5. 博物馆公共文化服务设施配置数量

公共文化服务设施配置数量与展厅的极限合理人数有关，应以适用、安全、卫生、方便为原则，避免攀比和浪费。

（二）博物馆公共文化服务人员配置标准化研究

博物馆人员的素质、数量、配置格局决定着博物馆服务工作的水平和效率。

1. 博物馆服务队伍配置体系

积极组建博物馆理事会（董事会），由博物馆举办者或其代表、馆长、职工代表、社会人士组成，有效开展决策活动。馆长应由经验丰富的博物馆领域专家担任。从事专业技术岗位的业务人员应占博物馆在编工作人员总量的70%以上。人才梯次结构合理，专业技术高级、中级、初级岗位之间的结构比例可参考1∶3∶6来配置。讲解接待人员需具备良好的政治思想、职业道德、文化知识修养、个人形象、心理素质、反应能力和服务态度。外聘专家可以有效补充博物馆的高端专业人才队伍，同时降低博物馆综合人事成本，在博物馆学术委员会中宜占20%以上席位。社会力量参与是博物馆建设的重要途径，包括发展志愿者、博物馆之友组织和基金会等。此外，宜尝试采用专业的安保、物业管理，保障博物馆正常运作。

2. 博物馆人员配置标准探讨

人员配置的绝对数量与博物馆岗位和规模应成一定比例。从一般博物馆机构设置上看，博物馆分为行政部门、业务部门和办公室。人员配备包括管理人员、行政及后勤人员、业务人员，人员配备应达到定岗定员。此外，人员数量还与博物馆规模有关，博物馆规模对应的指标有博物馆面积、博物馆参观量等。

在人才结构方面，在年龄结构上，要老、中、青结合，中青年人员占多数；在学历构成上，大学本科以上学历、硕士以上学历人员要占有相当的比例；在职称结构上，初级、中级、高级职称比例合理；在专业结构上，专业与岗位相匹配，以博物馆学、考古学、历史学、教育学为主，多学科人才共同具备。应借鉴国际博物馆从业人员职业资格认证制度，[①] 以保持博物馆的专业水平，推动博物馆事业的进步。

应具有切实可行的人员培训制度，培训经费在博物馆预算中占一定比例；上岗人员培训合格率达到100%，并取得相应证书；有科学的员工考核、奖励制度。

3. 价值观与人才配置

博物馆的定位、价值取向决定着博物馆的人才配置，影响着博物馆的服务水平、服务特色、发展规划和职能定位。是更加注重展览、注重教育还是注重科研，应该提供何种文化产品，是博物馆下一步发展值得思考的问题。

① 陆建松：《博物馆专业人才培养和科学发展》，《中国博物馆》2014年第2期。

四　博物馆公共文化服务项目和内容标准化研究

（一）博物馆公共文化服务项目的构成

1. 参观前

应通过多种渠道公布本馆的基本信息，包括博物馆的位置、地图、到达方式、参观方式、收费情况、近期展览、活动预告、服务项目等。宣传媒介包括网站、微信、微博、报纸、电视、广播、公交广告、户外广告牌等。

告知观众本馆重点展品，提供背景知识，为观众介绍参观本馆即将获得的知识点和趣味内容，以及如何更好地参观和利用博物馆。

2. 参观中

做好入场服务，包括领（售）票、检票、《参观须知》公示、服务台咨询、公共广播、免费宣传材料发放、便民设施租借、失物招领、投诉服务等。

展览服务包括基本陈列和临时陈列，应具有鲜明主题，体现馆藏特色、地域特色，符合博物馆使命和定位。国家一级博物馆评估中对临时展览的数量和品质做了详细规定，最高要求是博物馆每年举办展览 10 个以上，其中全国性展览 2 个以上；理想的观众参观量为平均每天 2000 人次以上。

提供导览图、导览手册，绘制清晰的场馆平面图。形式上可分为人工导览和自助导览，内容上包括展览导览、专题导览等。以普通话导览为主，鼓励方言区提供一定的方言导览。多语种讲解与博物馆外宾来源和数量直接相关。长期提供导览设备，定时提供人工导览。公示导览服务收费情况和监督电话，有条件的博物馆应提供免费或部分免费导览服务。

举办多样化的教育活动，设立影视厅、小剧场等，定期开展讲座、论坛等，提供针对展览的咨询服务，大型展览应出版图录，可以尝试 3D 模型打印、VR 虚拟展览等。

3. 参观后

博物馆应在观众参观后提供一定服务，旨在帮助观众加深对展览和博物馆整体的印象。应开发文化创意产品，以及开发数字博物馆。

（二）博物馆公共文化服务内容的标准化研究

1. 博物馆公共文化服务内容

博物馆展览分为基本陈列和临时陈列，制订年度展览计划，施行阶段拆分和任务拆分。巡展可以扩大博物馆的服务范围和服务人群，除城市巡展外，还应积极开展展览进校园、进社区、进军营、进乡村、进企业等活动。

博物馆教育属于素质教育、全民教育、终身教育的范畴，目前处于探索阶段，项目呈现多样化趋势，项目体系初见端倪，一般围绕博物馆展览、科普、地方历史文化、地方乡土文化、物质与非物质文化遗产、传统节日等进行。应具有教育战略规划，明确教育特色及方向。完整的博物馆公共文化教育项目应包括项目策划、项目准备、项目实施和项目总结。此外还应提供讲座、出版、咨询、资源共享、社区拓展、物品寄存、教育拓展项目等服务。

2. 博物馆公共文化服务供给均衡性原则

项目策划要体现人群覆盖均等特点，覆盖不同年龄层次和不同社会群体。既要根据不同人群的比例设置，也要照顾弱势群体的利益。以科学的年龄分层为依据设计不同活动项目，考虑行业内和行业外的均衡、特殊人群与普通观众的均衡。

解决地域分布不均问题，一是要统筹不同地区，建立相应的博物馆设施；二是发展远程网络服务，发展数字博物馆、虚拟博物馆技术；三是将博物馆活动推广到相关地区。

3. 博物馆公共文化服务项目评估与指导的标准化

项目评估分为博物馆自我评估、观众评估和专业评估。应定期组织开展自我评估；通过在场馆内设置留言簿、在网站开通评论区、开通馆长信箱、进行观众访谈、开展观众行为调查等方式进行观众评估；专业评估即行业评估或专家评估，包含三大指标：历史文化资源效益最大化、展品资源效益最大化、事实和现象的科学性。[①] 博物馆财政应为观众评估和研究提供预算。将年检报告、博物馆满意度调查报告等通过网络公开发布。

五　博物馆公共文化服务绩效评价标准研究

（一）博物馆公共文化服务绩效评价实施的目的、必要性与原则

博物馆公共文化产品和服务具有特殊性与公益性特征，不适合同企业组织一样注重成本效益，因此应将成本投入作为参考，侧重于对服务的直接效果和潜在影响进行评价。

1. 目的

通过数据的比较分析，了解博物馆公共文化服务状况，明确已有优势及存在的缺陷和不足，从而有针对性地根据具体问题寻找改进途径，科学指导项目决策与发展规划，同时促进政府对博物馆行业的动态管理和资源优化配置。

2. 必要性

就目前已有的博物馆评估标准来看，评价项目中有关藏品数量等硬性指标的设立影响了一些中小型博物馆与行业博物馆的参评，尤其是发展水平较低的非国有博物馆，需要通过没有准入门槛、针对文化服务的评价系统来提升其社会服务水平。

3. 原则

一是依法合规，一般而言法律条款是对标准的最低要求，已有行业评价办法可以作为参考；二是广泛参与，与利益相关方进行充分沟通，全面了解

---

① 严建强：《从展示评估出发：专家判断与观众判断的双重实现》，《中国博物馆》2008 年第 2 期。

各方面的需求和效果反馈；三是客观公平，客观认识不同区域、性质和行政级别的博物馆间存在的差距。

（二）博物馆公共文化服务绩效评价标准的研究基础

1. 法律法规

主要有《中华人民共和国文物保护法》《博物馆条例》《博物馆管理办法》《江苏省文物保护条例》《江苏省公共文化服务促进条例》，以及2015年中共中央办公厅、国务院办公厅印发的《关于加快构建现代公共文化服务体系的意见》，2016年出台的《国务院关于进一步加强文物工作的指导意见》。

2. 行业标准

主要有《国家基本公共文化服务指导标准（2015—2020年）》《国家公共文化服务体系示范区创建标准（东部）》《文化服务质量管理体系实施指南》《江苏省公共博物馆服务规范》《江苏省公共文化服务体系示范区（市级、县级标准）》，2008年出台的《全国博物馆评估办法（试行）》《博物馆评估暂行标准》，2019年新修订出台的《博物馆定级评估办法》和《博物馆定级评估标准》，以及2010年国家文物局发布的《国家一级博物馆运行评估规则（试行）》《国家一级博物馆运行评估指标体系（试行）》《国家一级博物馆运行评估试点工作方案》等系列文件。

3. 相关研究成果

《国家级博物馆运行评估指标体系研究》①、《博物馆免费开放绩效评价指标体系研究》②、《我国公共文化服务绩效评估指标体系研究》③ 等论文，为博物馆公共文化服务绩效评价标准的指标设定提供了参考。《博物馆纪念

① 周玉平：《国家级博物馆运行评估指标体系研究》，硕士学位论文，北京化工大学，2013。

② 陈波、耿达：《博物馆免费开放绩效评价指标体系研究》，《艺术百家》2013年第2期。

③ 王学琴：《我国公共文化服务绩效评估指标体系研究》，硕士学位论文，南京大学，2014。

馆免费开放工作绩效评价制度设计》[①]、《关于建立科学的博物馆评价体系的思考》[②]，对博物馆绩效评价理论制度做出探讨。2015 年，财政部、国家文物局委托武汉大学国家文化发展研究院组织开展了免费开放博物馆绩效评价研究，探索通过数据包络分析方法（DEA），对我国博物馆 2005~2014 年的运行情况进行绩效评价。

（三）博物馆公共文化服务绩效评价指标的构建

1. 指标特征

评价指标应具有如下特征：定量与定性相结合、稳定与发展相结合、比较与引导相结合、全面与重点相结合。

2. 指标要素构成

从博物馆及公共文化服务相关法规政策及行业标准等规范性文件提取评价指标，建立博物馆公共文化服务绩效评价指标体系，而后通过对江苏省 53 家博物馆进行的公共文化服务标准调查问卷实际情况，检验与修正评价指标的构成。

3. 指标体系构建

从资源与保障（场馆建设、人员配备、藏品、经费、安全、设施设备、免费开放）、服务产品（陈列展览、讲解服务、社会教育、科研技能、信息数据、文创产品）、社会参与及反馈（观众、社会共建、公共调查）三个维度对评价指标进行分类考察，前两者主要体现了绩效中的效率关系，后者则是体现绩效中的效果关系。

（四）博物馆公共文化服务绩效评价取值标准设计

1. 取值依据

关于评价标准的选用，应根据不同指标选择不同的适用标准。[③] 所选用的评价标准既要符合相关文件规定，也要适合博物馆文化服务实际情况，同

---

① 刘栋：《博物馆纪念馆免费开放工作绩效评价制度设计》，《中国文物报》2012 年 1 月 11 日。

② 单霁翔：《关于建立科学的博物馆评价体系的思考》，《中国博物馆》2013 年第 2 期。

③ 胡云：《政府投资绩效审计评价标准的探讨》，《审计文摘》2009 年第 10 期。

时还应当具有发展的前瞻性。

2. 取值思路

只有区别对待博物馆行业内公共文化服务发展的不平衡，才能确保评价结果的客观公正。对于客观原因造成的差距，应根据实际状况设立不同标准；而主观原因造成的差距则是绩效评价需要反映的问题。根据行业定级、行政级别以及所属性质等情况，设立相应标准值对评价对象进行区分对待。

3. 权重设计

除咨询专家意见外，还要参考相关利益方的权益，将其参与度、满意度合理地体现在评价结果中。等级标准可分为优秀、合格、不合格三个档次，既方便评价的操作，又能保证结论的明确性。

（五）博物馆公共文化服务绩效评价的实施与保障

1. 实施方法

可在依据评分细则进行自评、专家评审及专家现场审核的基础上，利用现代技术手段开发网上评价应用系统，评价标准值的设定主要突出馆际比较得出的相对值，可进行整体比较，也可将博物馆类型以及藏品、经费、人员等投入性指标作为评价参数，与同类型、相近规模的博物馆进行比较，以了解自身发展状况。

2. 制度保障

从评价本身实施的过程而言，应建立规范的评估程序，确立由政府部门或社会第三方构成的评价主体，根据评价标准对参评客体进行信息整理及录入的规范性指导，同时维护其他利益相关方对评价过程及结果的知情权与监督权。从评价实施的外部环境而言，应当制定法规与政策依据，保障评价实施。另外，关系博物馆发展的行政部门也应建立相应机制，通过保障博物馆公共文化服务绩效评价的实施来推进博物馆的文化服务工作。

六　博物馆公共文化服务标准的制定与实施

（一）《博物馆公共文化服务标准（建议草案）》

根据上述研究基础，课题组编制起草了《博物馆公共文化服务标准（建议草案）》，共六章六十二条细则。

（二）博物馆公共文化服务标准的实施建议

以制定标准、组织实施标准、对标准实施进行监督评估为主要内容，以实现博物馆公共文化服务管理规范、质量良好、公众满意度高为目标，以政府推动、部门主导、立足实际、注重实效、创新管理、转变职能为基本原则，主要任务有：制定博物馆公共文化服务标准，包括保障标准、技术标准、评价标准；做好相关工作衔接；组织开展宣传和培训，制定持续改进措施。工作步骤包括制定标准阶段、动员部署阶段、标准实施阶段和评估验收阶段。工作要求包括提高思想认识、加强组织领导、加大资金投入、加强宣传领导、强化跟踪督查。

文化和旅游融合时代的公共图书馆发展思考

苗 宾*

摘 要： 文化和旅游各领域正在进行深度融合，公共图书馆作为文化和旅游公共服务体系建设的重要支撑和阵地，与旅游的融合也正在走向深入。本报告对图书馆与旅游融合的相关研究成果进行了梳理总结，对图书馆与旅游融合的独特优势进行了思考、分析，并提出未来公共图书馆在抓顶层设计、强产品供给、提数据效能、推信用链接、拓全域服务和重宣传营销等方面的可持续发展路径。

关键词： 公共图书馆 文旅融合 可持续发展

自2018年4月8日文化和旅游部正式组建挂牌以来，“诗与远方”携手走进文旅融合新时代，随后文化和旅游部明确了“宜融则融、能融尽融，以文促旅、以旅彰文”的工作思路。近年来，文化和旅游各领域融合步伐不断加快，公共服务领域架起“四梁八柱”，公共图书馆作为文化和旅游公共服务体系建设的重要支撑和阵地，参与文化建设和旅游发展是其自身发展与未来定位的需要和必然。本报告通过梳理总结相关研究成果，对公共图书馆与旅游融合的独特优势进行了分析，对坚守“传承文明、服务社会”初心、促进资源共享和服务效能提升，提出了发展路径。

* 苗宾，硕士，中央文化和旅游管理干部学院助理研究员，主要研究方向为文化和旅游发展政策、文化和旅游融合等。

一　国内图书馆与旅游融合的研究与实践现状

国内图书馆界对图书馆与旅游融合的研究起步于20世纪80年代末，21世纪以来一直有学者关注，随着各级文化和旅游行政部门的重新组建，图书馆与旅游融合研究成为学者关心的主要内容之一。归纳来看，图书馆与旅游融合研究内容涉及以下几方面。一是基于图书馆文化担当优势与旅游的融合研究。公共图书馆作为文化教育机构和场所，具有独特的文化旅游服务和建设优势，① 应充分利用其公共文化服务特性，推进图书馆文化旅游向纵深发展。② 公共图书馆参与地方旅游业发展，也可拓展其服务功能，丰富当地旅游业的文化内涵，更好实现文化产业与文化事业的共同发展。③ 二是基于图书馆文献资源优势与旅游的融合研究。发展图书馆旅游事业，应大力宣传图书馆在深化文化旅游中的重要作用，为旅游事业提供信息服务。④ 随着“旅游热”不断升温，旅游业的发展离不开信息资源的支撑和保障，⑤ 公共图书馆需创新服务模式，提升文化旅游信息服务的基础发展能力和可持续发展能力。⑥ 三是基于图书馆场馆资源优势与旅游的融合研究。场馆资源优势既包括打造图书馆旅游公共空间、兴办旅游专题图书馆，还包括开展研学旅游。研学旅游是一种教育和学习方式，也是一种阅读方式，与公共图书馆的社会教育和阅读推广职能具有内在的一致性。⑦ 从国家政策支持、研学旅游发展趋势和图书馆研学旅游服务优势来看，公共图书馆开展研学旅游可以提供分

---

① 王勇：《图书馆服务文化旅游、建设旅游文化的实践》，《传媒论坛》2018年第18期。

② 史丽芳、毛勇：《图书馆在文化旅游中的作用及对策》，《商场现代化》2007年第52期。

③ 余小莹：《公共图书馆文化旅游价值初探》，《贵图学刊》2012年第2期。

④ 宋玉真、陈福季、徐砚亮：《旅游与图书馆》，《图书馆建设》2003年第3期。

⑤ 何松：《公共图书馆开展文化旅游信息服务的策略思考——以贵州公共图书馆为例》，《贵图学刊》2012年第3期。

⑥ 吉佳：《公共图书馆如何做好旅游信息服务》，《图书情报导刊》2016年第3期。

⑦ 金龙：《文旅融合背景下公共图书馆研学旅游服务创新策略》，《图书馆工作与研究》2019年第5期。

众服务，满足“新读者”的新需求，这也是图书馆旅游的主要模式之一。[①] 四是基于机构融合优势的图书馆全要素与旅游要素的融合研究。首先，图书馆是文化和旅游公共服务的重要组成部分，文化和旅游公共服务应串联标志性文化设施，打造旅游路径。[②] 其次，文化和旅游具有同构性关系，旅游业是综合性产业，产业特性显著，图书馆是文化旅游产业形成与发展的重要基础和资源，可从产业要素着手，建设旅游图书馆并构建图书馆文化旅游产业平台。[③] 再次，机构融合后全域旅游成为文化和旅游工作的重要一环，王世伟较早从旅游六大要素与图书馆的关系入手，初步提出发挥图书馆旅游功能的构想。[④] 查炜考察了图书馆与“吃、住、行、游、购、娱”旅游六要素的当代融合发展实践。[⑤] 公共图书馆需将全域服务与全域旅游深度融合，推动城市文化和旅游服务高质量发展。综合来看，公共图书馆是城市核心文化因子，在长期的发展和实践过程中，其与旅游的融合研究也在随着社会的发展、时代的变迁和读者的多元化需求不断变化。

与此同时，图书馆与旅游融合发展实践也在文化旅游大发展背景下逐渐兴起，文化旅游正以令人赞叹或耀眼的建筑，以及游历之处的历史文化和真实生活，受到越来越多游客的追捧。[⑥] 图书馆与旅游融合实践大多依靠图书馆独特的建筑、典藏资源、文化空间等优势，吸引众多游客。上海图书馆、山东图书馆打造“创客空间”，使读者和游客亲身体验古籍临摹与修复保护技艺；国家图书馆牵头成立图书馆文化创意产品开发联盟，携手百余家图书馆推出“文创品牌发展计划”，打造“国家图书馆”天猫旗舰店，进行线上线下营销，有效推动了文化和旅游产品“出圈”，契合文旅融合精神；天津

① 李子峰：《文旅融合时代公共图书馆研学旅行服务思考》，《图书馆工作与研究》2019 年第 10 期。

② 李国新、李阳：《文化和旅游公共服务融合发展的思考》，《图书馆杂志》2019 年第 10 期。

③ 杨炳辉、左培远：《构建图书馆文化旅游产业平台的理念探索》，《图书馆学刊》2012 年第 4 期。

④ 王世伟：《论图书馆旅游功能的发挥》，《图书馆杂志》1995 年第 6 期。

⑤ 查炜：《图书馆与旅游融合发展实践及思考》，《图书馆》2020 年第 2 期。

⑥ 冯佳：《国外文化旅游中的图书馆：作用、服务及启示》，《图书与情报》2019 年第 4 期。

滨海图书馆充满“文艺范儿”的“书山”造型与美术馆、科技馆、演艺中心、市民活动中心、文化长廊共同组成“三馆、两中心、一廊”滨海文化中心，逐步成为天津文化旅游新地标和全球知名“网红图书馆”。这表明图书馆作为新时尚、新变革和新的旅游目的地，在文化和旅游机构融合前早已经走进人们的生活，为进一步促进图书馆文旅融合提供了丰富的案例素材和实践基础。

二　公共图书馆文旅融合的独特优势

（一）美好生活是融合的实践导向

从文化建设角度来看，丰富健康的文化生活是衡量人们生活质量的重要标志。只有文化成为日常生活不可或缺的组成部分，文化建设才有生生不息的内在动力。《公共图书馆宣言》明确宣告，联合国教科文组织坚信公共图书馆是传播教育、文化和信息的一支有生力量，是促使人们寻找和平与精神幸福的基本资源。《文化部“十三五”时期文化发展改革规划》指出，到“十三五”期末，全国人均拥有公共图书馆（含分馆）藏量达到 1 册，全国公共图书馆年流通人次达到 8 亿。《中国文化和旅游统计年鉴 2019》对于公共图书馆进行了专题统计，截至 2019 年，全国共有公共图书馆 3176 个，总藏书量为 103716 万册，年总流通人次为 82032 万。[①] 图书馆拥有庞大的建馆量、藏书量和流通人次，遍布省、市、县、乡、村，其作为文化资源阵地和内容创造源泉，在增强文化自觉、共享文献资源、保护传承典籍、推动全民阅读、服务学习强国、架设创意桥梁、帮助入脑入心、满足美好生活期待等方面发挥着不可替代的作用。

从旅游发展角度来看，旅游是人民生活水平提高的一个重要指标，

① 中华人民共和国文化和旅游部：《中国文化和旅游统计年鉴 2019》，国家图书馆出版社。

已成为新时期人民群众美好生活和精神文明需求的重要内容。[①] 公共图书馆建设要融入旅游要素，旅游服务也要加强文化赋能。中国正从旅游资源大国迈向旅游强国，2018 年国内旅游人次达到 55.39 亿，比 2017 年增长 10.8%，总收入突破 5 万亿元。同时，旅游领域拥有 39000 家旅行社、70 万名导游、20000 家旅游景区和近 70 万家旅游住宿机构，旅游“吃、住、行、游、购、娱”“商、学、养、闲、情、奇”等核心要素与人民生活紧密相关。公共图书馆作为城市文化名片，其文化内涵、精神引领、馆藏资源、建筑资源、遍布全域等核心要素与旅游行业和旅游资源有着天然的亲密度和耦合性，将推动主客共享的生活品质成为优质旅游的新动能。

（二）法律优势

为把文化“人治大于法治”的现状扭转过来，让文化事业特别是图书馆事业按照自有的轨道有条不紊地推进，《中华人民共和国公共图书馆法》（以下简称《公共图书馆法》）和《中华人民共和国公共文化服务保障法》应时而生，旨在谋求法治化轨道，指导公共文化服务体系建设和图书馆事业发展。《公共图书馆法》自 2001 年启动到最终出台，历时 16 年，是党的十九大后出台的首部文化立法，对公共图书馆的设立标准、运行准则、服务内容和法律责任等进行了详细阐述，它的出台为公共图书馆事业未来发展指明了方向、道路，填补了新中国成立以来缺少全国性图书管理法的空白。《中华人民共和国旅游法》（以下简称《旅游法》）是目前旅游行业位阶最高的法律，主要规范旅游者、旅游经营者的权利义务，规定旅游合同的订立、履行以及违法的行政处罚措施等，最大的聚焦点是以人为本，保护旅游者的合法权益。[②]

《公共图书馆法》和《旅游法》两部国家大法在行业内具有里程碑式的

① 杨彬：《发展全域旅游　共享美好生活》，《旅游学刊》2020 年第 2 期。

② 郝灿：《旅游法的实力与潜力》，《检察风云》2019 年第 10 期。

意义，彰显了党和政府对公共图书馆事业和旅游业发展的高度重视与大力支持，为图书馆事业与旅游业发展提供了法律依据和维权工具，明确了各类主体权利义务。但随着文化和旅游融合逐步走向深入，各地仍需立足发展现状和发展趋势，特别是基于文化和旅游融合背景对法律条款进行细化优化，切实用好法律保障，促进图书馆与旅游融合发展。

（三）平台优势

一是强强联合，资源共享。公共图书馆数量巨大，文献资源和读者资源丰富，从县域角度看，县馆为总馆，遍布县、乡、村各个角落。旅游领域有大量的旅行社、旅游景区、旅游住宿机构和导游从业人员等平台和资源，随着全域旅游、品质旅游、研学旅游、红色旅游等新业态的兴起，旅游逐渐成为人们找寻生活真谛的一种方式。立足国情，公共文化服务和旅游发展的县级评估体系是最完备的，推动力是最强大的，资源整合能力也是最强的。以县域为公共图书馆的总领地和全域旅游的基本单元，可以把图书馆全域服务与全域旅游深度融合，不仅能够使其成为县域发展品牌，更能将其作为一种文化引领、公共服务区、产业平台和产业集聚区来发展。

二是优势互补，破解融合“两张皮”的问题。旅游业是综合性产业，需要通过内容创造持续提升游客的综合素质和审美水平，进行旅游可持续发展，包括全域旅游、文明旅游、“厕所革命”、红色旅游、旅游安全和乡村旅游等重点工作。旅游既是公民权利，也正成为一种新的生活方式。旅游领域虽资源丰富，但是有领域、无领地，有行业、无系统，有效益、少情怀。公共图书馆丰富的文献资源和场域资源可以依托总分馆优势与旅游进行融合，让文化场所成为游客的目的地，让旅游场所成为文化活动的场地，有效解决景区和文化设施的“孤岛现象”，把各种公共服务和产业业态集聚起来，使县域全域旅游示范区成为文旅融合发展的重要平台以及产业要素和业态集聚区。

三 公共图书馆文旅融合发展的路径思考

（一）抓顶层设计：政府主导、行业引领、社会力量参与

1. 政府主导

文化和旅游融合是文旅双向赋能、互相促进的发展过程，也是价值共创和创新发展的过程。政府机构和各公共图书馆在强意识、把方向、做设计、整资源、促融合的同时，需进一步明确公共图书馆准公共文化服务和公共文化服务内容，明确由政府财政拨款，还是社会提供、政府购买，建立服务清单，完善财政保障机制，争取更多经费并设立专项资金，购买社会优质资源进行惠民服务。还要注重市场、读者（客源）和流量的获取，不断从资源的获取走向场景的营造和内容的创造。

2. 行业引领

图书馆行业主要包括图书馆学会、图书馆行业联盟等组织，这些行业组织具有连接政府和读者的纽带作用。图书馆行业应积极主动与旅游学会、旅游联盟、旅游服务组织建立联系，共同在学术建设、资源共享、新平台建设、科普阅读、决策咨询、行业协调、对外交流与合作等方面发挥重要作用，创新工作机制，推动全民阅读，促进文明旅游，助力图书馆文化和旅游产品及服务供给。

3. 社会力量参与

社会转型发展促进了公共图书馆事业的可持续发展和空前繁荣，也促成了社会力量的增长。新时代的图书馆不再是单一的提供书刊借阅的场所，它具有社会教育、科学研究、娱乐、旅游、休闲等多功能。合作共建、社会捐助、志愿服务、购买服务和协同管理等是社会力量参与图书馆建设的主要内容，在社会转型和图书馆转型的背景下，社会力量参与图书馆事业符合公共图书馆自身发展规律，是呼应新时代社会主要矛盾转化的历史要求，可破解资源不足的难题，助力打破传统体制机制保守、僵化的模式，立足政府与社会资本合作（PPP）模式，促进体制改革深化和服务效率提高。

（二）强产品供给：文化旅游产品供给是图书馆文化旅游的试金石

2016 年 5 月，国务院办公厅转发的《关于推动文化文物单位文化创意产品开发的若干意见》，鼓励各级各类博物馆、美术馆、图书馆等掌握各种形式文化资源的单位依托馆藏资源，开发各类文化创意产品。随着大众旅游时代的到来，2018 年国内旅游人次达到 55. 39 亿，2019 年公共图书馆总流通人次达到 82032 万。一方面是旅游需求不断升级和公共图书馆影响力进一步扩大，另一方面是图书馆文化创意产品的同质化现象严重和旅游市场的不规范现象层出不穷。图书馆遍布省、地、县、乡四级行政区域，集中保存了丰富的彰显时代特色、反映社会风俗的文献资料，可对特色馆藏和多种社会资源进行挖掘、整理，开发符合游客和读者口味的大众化、多样化、市场化的文化旅游创意产品。同时，图书馆可结合馆藏资源与地方特色设计开发各类型文创旅游线路。文创旅游线路设计完成后，各图书馆信息管理员可将文创旅游线路、相关书面推荐等信息上传至信息联合平台，让全国各地的游客都能够快速查询相关信息，实现渠道共享。①

（三）提数据效能：图书馆大数据与旅游大数据共享整合

国务院《促进大数据发展行动纲要》和“十三五”规划纲要确定了“实施国家大数据战略”。大数据是文化和旅游融合发展的理论支撑，也是实践路径。大数据可以有效促进产品研发和业态创新，为此应利用大数据做好资源调查和市场分析，巩固发展基座。图书馆大数据是在图书馆资源建设和信息服务过程中采集到的、具有隐形价值的、有利于促进图书馆和用户发展的数据集合，它能够在图书馆科学决策、均衡发展、服务质量提升、服务设计优化、支持用户个性发展等方面发挥重要作用。② 着眼于公共图书馆服务的未来，走馆藏资源数字化、服务移动化之路是必然。未来，在服务层

① 孙红强：《图书馆文化创意旅游项目开发探究》，《图书馆工作与研究》2018 年第 8 期。

② 胡琳：《大数据背景下图书馆数据资产的建设框架与管理体系》，《图书馆理论与实践》2019 年第 3 期。

面，公共图书馆将利用大数据随时随地为读者提供便捷服务。[①]

从需求侧看，游客和读者需要及时、便捷、有效获取文化资源和旅游市场信息，了解文化和旅游知识。从供给侧看，图书馆积累了丰富系统的文献资料和充足的旅游信息，通过数据生产和分析研判，可有效开展公共信息服务、大数据快速借阅、用户习惯分析和服务信息精准送达。在提供必要及时的信息咨询服务时还需拓展服务内容和范围，为公众提供旅游信息的整合和咨询服务。大数据可以培育和扩大新消费市场，对文化资源和旅游市场进行精准分析，有效促进产品研发和业态创新，但要使公共图书馆和旅游数据真正发挥驱动创新的效能，还需通过移动新媒体和客户端实现数据在政府、图书馆主体、用户群体间直接共享并自由流动，建立数据定期发布机制，实现数据常态化供给。

（四）推信用链接：信用助力图书馆服务，突破地域和诚信制约屏障

随着外来游客的市民化体验需求和当地市民的品质化生活需要不断增长，地域问题和诚信问题成为制约图书馆发展的两大阻碍。由于商品书籍流通性的大大增强，读者阅读活动对公共图书馆的依赖性大大减弱，曾经购书与借书都需要路程和时间，但如今购书多在线上进行，大大节省了路程和时间。换句话说，借阅与归还这一对公共图书馆独特空间实践被大大消解了。[②] 除借阅与归还的实践被消解外，游客与读者的身份叠加、馆际互借、公共图书馆与民间图书馆借书、图书证与图书押金，特别是图书馆内容数字化、借阅无边化、服务无限化、场馆智慧化的发展趋势，要求一定要加强信用与图书馆之间的关系。

信用服务图书馆的过程中，最大的特点是通过创建和达成约定让图书馆服务更加便利，同时累积读者和用户的信用资产，让用户和图书馆之间建立信任关系，并通过约定加深信用关系。信用和借阅产生关系以后，还

---

① 方胜：《公共图书馆服务未来发展的思考》，《图书馆工作与研究》2018 年第 S1 期。

② 廉志强：《基于空间视角的城市公共图书馆社会学分析》，《国家图书馆学刊》2019 年第 6 期。

可以累积信用并建立借还书逾期修复机制，主要表现为不需要借书证和押金，可以在所达范围内无障碍阅读、借书、还书，满足游客旅行途中的阅读需求，有效推动分散在城市各处的书屋、书房、主题图书馆进行文化和旅游服务，这些举措对于打造书香社会和促进全民阅读具有重要作用。例如多省市图书馆通过蚂蚁金服的芝麻约定，在线上围绕用户端和图书馆端建立服务，推出线上免押借书、24 小时无卡免押借书，建立立体书库，提升借书效率。线下基层公共图书馆，在旅游景区、民宿、人员聚集区等地设立图书智能柜，智能柜具有借书、还书甚至是购书的各种功能，24 小时开放；建立一刻钟或半小时读书圈，服务的触角延伸到城市脉络和细微处，图书和阅读触手可及。图书馆信用服务深度依赖数据，未来随着大数据和云计算能力的不断增强，信用服务推广度也将会更高，服务广大游客和读者的能力也会更强，既能方便游客和读者，又能满足图书馆之间的合作与交流。

（五）拓全域服务：供给侧发力，资源互补提供全域服务

图书馆与旅游融合，不仅是机构的融合、理念的融合、场域的融合、读者和游客的融合，更是立足供给侧，从人民群众需求出发的全域服务的融合。公共图书馆全域服务是对单域和多域服务的突破和超越，其体现出线性时间和立体空间的延伸、穿越、塑造、选择和感知，全域服务在国内公共图书馆已经有了多年成效卓著的实践探索，创造出城乡一体总分型、主题活动推动型、社会协同共建型、物流配送便捷型等新模式。[①] 全域旅游指在一定区域内，以旅游业为优势产业，通过对区域内经济社会资源尤其是旅游资源、相关产业、生态环境、公共服务、体制机制、政策法规、文明素质等进行全方位、系统化的优化提升，实现区域资源有机整合、产业融合发展、社会共建共享，以旅游业带动和促进经济社会协调发展的一种新的区域协调发

---

① 王世伟：《论公共图书馆的全域服务》，《图书馆建设》2018 年第 4 期。

展理念和模式。①

服务融合是文旅融合发展的压舱石。全面建成小康社会后，人民群众多样化、个性化、非基本的文化和旅游需求会越来越旺盛，而且将成为城市地区、东部地区公共文化机构重点服务的内容。图书馆全域服务不仅提供阅读服务，更是提供一种人文关怀和意境。把图书馆服务嵌入全域旅游相关产业、公共服务、体制机制、文明素质等的提升中，走进旅游景区、民宿和乡村旅游，让常来图书馆的人既有美好的精神享受，也能欣赏美丽风景；让少进或不进图书馆的人，在旅游体验过程中得到图书馆的延伸服务。例如鼓励公共图书馆特别是基层图书馆设施空间再造，打造旅游目的地和游客休憩地；打造图书馆研学旅游体验中心；建设旅游书目专区和网上旅游数据库；根据旅游需求建设出入境中英文数据库，提供外语支持；将县级及以下图书服务设施、旅游服务中心和旅游景区厕所同标准规划、建设、管理，并纳入"全国旅游厕所管理系统"，推动"厕所革命"；创办全域旅游示范区、红色景区、革命老区、旅游度假区专题图书馆；在图书馆公共空间进行旅游从业人员专业知识和技能培训；将图书馆场馆和服务主动纳入当地文化旅游线路；等等。

（六）重宣传营销：强化旅游营销思维，增强互动体验

随着信息技术的不断普及和提高，以及网络化社会的深入发展，图书馆的信息服务功能正在受到冲击，这对图书馆界是一个警示。互联网丰富的信息资料以及方便、快捷的信息获取手段，正在逐步分流图书馆的服务对象。联合国教科文组织《公共图书馆宣言》指出，公共图书馆应树立主动服务的理念，深入了解读者需求，增强与读者的互动。借助互联网、移动设备等工具，创新图书馆服务形式和内容，使传统的活动变得新颖独特。图书馆营销是近年来图书馆员和广大学者所倡导的提高图书馆认知度和公信度的一种

① 戴学锋：《全域旅游：实现旅游引领全面深化改革的重要手段》，《旅游学刊》2016 年第 9 期。

方式。作为为社会公众服务的公共图书馆，非常有必要通过营销的模式来吸引用户，将优质服务推送给用户，从而最大限度地发挥公共图书馆的社会效益。①

信息和知识的广泛传播，要满足内容有吸引力、渠道要多元化、用户群体要明确、信息传播要及时和具有针对性等条件。以往的公共图书馆营销方式多为广告实体展示、网站宣传、微信客户端信息推送等，营销内容和方式相对单一，滞后于旅游活动的现代营销思维。旅游营销是旅游工作的重要组成部分，在利用互联网思维、科技思维、“网红”思维和融合思维方面走在图书馆前面。现如今，直播、短视频、“吐槽”成为新生代宣传营销的主渠道，主渠道传播的特点之一就是信息的视觉化和分众化传播。例如抖音 App 已经成为最大的文旅传播平台，不仅有“不管有多远，来西安只为看一眼网红”的不倒翁表演，有创收超千万元的“网红大咖”李子柒，有“抖音上的网红重庆”，还有 13 位中国科学院院士和 52 位专家参与的点亮学习好奇心和深入学习兴趣的“DOU 知计划”，助推旅游业发展的“BGM 城市音乐推广计划”，带动农民增收致富的“山货上头条”，以及具有人文感的饮食推广计划和具有科技感的旅游景点推广计划等专题营销活动。处于文旅融合时代的公共图书馆，除了在旅游景点设立分支、做好旅游推介、设立旅游文献和阅读专区，也需要强化旅游营销思维，跳出图书馆看图书馆，运用新媒体、新科技、新手段，增强读者和游客的互动性体验，主动发掘、组织和提供更多的旅游信息服务，借此更好地营造全民阅读氛围，优化阅读环境，有效推动阅读型和学习型社会的建设。

四　结语

图书馆作为重要的文化标志、文化场所、文化创新载体，具有天然的信

① 王丽华、王文琳：《从国际图联营销奖看国外公共图书馆营销——以温哥华公共图书馆灵感实验室项目为例》，《图书馆杂志》2018 年第 11 期。

誉度和旅游契合度。在公共服务对象上，文化和旅游一向各有侧重，前者主要服务本地居民，后者主要服务外来游客。随着大众旅游时代的到来，二者的分界开始打破，公共图书馆文化服务的对象不再只是本地的常住居民，也包括旅游者，而图书馆文化资源一直在润物细无声地促进文明旅游和品质旅游的发展。公共图书馆在提高理论探讨和顶层设计能力、加强旅游文化服务建设的深度和力度的同时，还应积极推动文明旅游建设，大力营造文明旅游的良好氛围，不断培养公众对图书馆的信任，提高图书馆在全社会的声誉，为文旅公共服务融合发展积累经验、探索路径。

新生代农民工文化需求满足机制研究

沈建国*

近年来，各级政府部门在着力维护农民工经济权益、社会权益和政治权益，农民工文化权益也得到了极大改善，但是总体来看，农民工文化工作还存在重视不够、体制不顺、责任不清、保障不力、针对性不强、服务水平不高等问题，尚未形成可持续发展的长效机制，农民工文化权益仍然缺乏制度性保障。特别是随着新生代农民工日益成为农民工群体的主体，他们对文化服务提出了更高的要求和期待，加强农民工文化权益的保障显得更加迫切。

一 新生代农民工文化需求及公共文化服务现状

（一）主要文化需求

总的来看，新生代农民工出生在一个温饱问题基本解决的年代。与父辈相比，他们受教育水平高，适应能力强，见识广，追求文化生活的意愿强烈。闲暇时，老一代农民工主要通过棋牌、打麻将、看电视、听广播等传统方式休闲娱乐，而新生代农民工则更倾向于上网、逛公园、参加培训、去图书馆、旅游等发展型文化消费，新生代农民工具体文化需求包括以下九个方面。第一，读书看报。流入地、工作地附近公共图书馆、文化馆（站）、社区综合文化服务中心、职工书屋、农民工文化家园等基层文化设施（机构）提供实用技能、就业创业、心理健康、法律维权、时政经济等方面的书籍、

* 沈建国，北京大学国际关系学院国家文化软实力研究中心、院友会常务副会长，主要研究方向为国家文化软实力研究等。

报刊，下班后、节假日等闲暇时间能够方便阅读；参与专题性的农民工阅读活动，得到专家（专业人士）有关阅读的指导。第二，下班后、节假日等闲暇时间提供有关心理辅导、两性关系、就业创业、法律维权、时政经济等内容的广播节目。第三，观看电视。在宿舍、工厂、食堂等场所提供电视，观看电视节目；宿舍电视能够观看网络节目。第四，观赏电影。在工作地能够观赏较新的电影；能够通过数字电视观赏网络电影；去电影院观赏新上映电影时，提供优惠票价。第五，观赏演出。免费观赏专业院团提供的歌舞晚会、现代剧演出；参加和观赏农民工自导自演的文艺赛事和演出。第六，设施开放。公共图书馆、文化馆（站）、公共博物馆、公共美术馆等公共文化设施向农民工免费、错时开放，并在现场做好提示，加大对农民工的宣传力度；新生代农民工持有效证件（如身份证、工作证）参观文物建筑及遗址类博物馆实行门票减免，文化遗产日免费参观。第七，文体活动。新生代农民工能够依托工厂、宿舍、社区综合服务中心、文体广场、公园、健身路径等公共设施就近参加各类文体活动；组织和参加农民工相关的文体活动，如职工公寓文化艺术节、篮球赛、足球赛、外来务工人员才艺大赛、农民工全民阅读季等。第八，数字文化。宿舍能够免费提供宽带上网、Wi-Fi 服务；提供针对新生代农民工的阅读、培训、心理辅导、法律维权等方面的数字文化服务。第九，培训辅导。提供实用技能、就业创业、心理健康、普法、法律维权等公益性培训；在工厂设立员工心理辅导中心，聘请心理专家提供心理辅导；鼓励新生代农民工参与文化志愿活动，组建相关文化类社会组织，学习公共文化服务相关知识和技能。

（二）现状

保障新生代农民工的权益和发展，得到了中央高度重视，引起了社会的广泛关注，需要在理论上深入研究，在实践中积极解决面临的问题。新生代农民工获得公共文化服务面临观念陈旧老化、地方政府缺位、用人单位不重视、城市公共文化服务设施与新生代农民工实际需求不匹配等诸多困境；新生代农民工缺乏知识和能力，有时无法享受相应的文化服务；新生代农民工心理健康等问题日益突出，相应服务几乎空白。尽管构建现代公共文化服务体系已上升为国家战略，各地也出台了实施方案和相关政策，但基层公共文化服务效能不足依然是亟须解决的问题。

（三）国内新生代农民工公共文化服务案例

1. 没有将新生代农民工作为单独群体服务

案例涉及的政府部门、用工企业、社区、公共文化机构、社会力量均较为重视农民工文化服务，安排了专项资金、服务人员、专题项目来为农民工服务。经济发达、新生代农民工较为聚集的地区和企业，针对新生代农民工提供的文化服务效能相对较好。尽管还没有服务机构明确提出为新生代农民工提供专项文化服务，但是从实际的运作情况来看，很多文化项目的主要服务对象实际上是新生代农民工，例如数字文化、共享工程、网络服务等，但是基本上没有将新生代农民工明确为单独的服务对象。

2. 缺乏针对服务对象的需求调研，服务与需求存在脱节

从案例来看，“送文化”居多，仍然将新生代农民工公共文化服务视为文化扶贫的重点，实质上是解决公共文化服务有无的问题。由于缺乏针对服务对象的需求调研，一些文化服务与服务对象的需求脱节，服务内容和形式单一。

二　新生代农民工精准型公共文化服务体系建设的指导思想、基本原则、发展目标

（一）指导思想

以社会主义核心价值观为引领，着眼于全面保障新生代农民工基本文化权益，以现代公共文化服务体系建设为支撑，建立新生代农民工文化需求征集和评价反馈机制，不断提高新生代农民工对公共文化服务的知晓度、参与度和满意度，实现公共文化产品服务供给与需求的精准对接，推动新生代农

民工文化服务工作的规范化、制度化和常态化，充分发挥文化对于提升新生代农民工思想道德水平、科学心理素质和城市融入能力的积极作用，为有序推进、逐步实现有条件、有意愿的新生代农民工市民化做出积极贡献。

（二）基本原则

1. 政府主导，社会参与

将新生代农民工文化服务工作作为政府农民工工作的重要内容，充分发挥城市社区、用工企业、公共文化机构、社会力量的积极作用。建立部门之间的协调机制，加大跨区域、跨部门、跨系统的新生代农民工公共文化服务交流合作、共建共享、多元互补。

2. 需求导向，底线保障

建立完善新生代农民工基本文化需求反馈机制。根据地域、从事工作、受教育程度、民族等特点，提供有针对性的公共文化产品和服务。常住地政府要统筹利用资源，保障新生代农民工享有与城市居民相对均等的基本公共文化服务。

3. 权责清晰，责任到位

常住地政府是农民工文化服务的责任主体，公共文化机构是农民工文化服务的骨干力量，城市社区、用工企业、公共文化机构是农民工文化服务的主要阵地，社会力量是农民工文化服务的有益补充，因此应将新生代农民工公共文化服务满意度纳入相关机构绩效考核。

4. 精准供给，创新机制

从文化需求和精准供给入手，强化各部门间的统筹协调，加大政策支持和引导力度，有效整合和优化配置各方面的新生代农民工文化服务资源，形成分工明确、统筹协调、精准优质、普惠均等的新生代农民工文化服务工作机制。

（三）发展目标

到 2020 年，全面实现新生代农民工平等享受城镇基本公共文化服务，基本形成“政府主导、社会参与、市场调节”的精准型产品服务供给体系和政府、企业、社会共同参与新生代农民工文化服务的工作格局，新生代农民工基本文化权益得到更好保障，新生代农民工文化服务的内容和手段更加丰富，服务效能显著提升，阻碍新生代农民工群体融入城镇的文化隔阂进一步消除，基本公共文化服务均等化水平稳步提高。

三　我国新生代农民工公共文化服务体系建设的重点任务

在解决了新生代农民工公共文化服务有无的问题后，各地要因地制宜采取精准措施解决突出矛盾和问题，以精准化举措促进新生代农民工公共文化服务标准化、均等化、数字化和社会化。

（一）促进新生代农民工平等享受城镇基本公共文化服务

一是切实将新生代农民工纳入城镇公共文化服务体系。二是按需配置新生代农民工公共文化设施，并加大现有公共文化设施向新生代农民工免费开放的力度。三是强化社区功能，加强基层综合性文化服务中心为新生代农民工服务的功能。四是大力开展流动文化服务，加强新生代农民工文化教育培训。五是加强新生代农民工心理辅导。

（二）为新生代农民工提供广覆盖的数字文化服务

一是提高新生代农民工公共数字文化技术装备水平，开展一些具备前沿性、实用性的公共文化服务科技创新应用示范项目，开展公共文化服务与科技融合示范工作。二是提高公共数字文化服务能力，鼓励新生代农民工聚集、有条件的地区开发“新生代农民工公共数字文化服务管理平台”，尤其是通过各类客户端等移动服务管理方式，掌握舆情信息和文化需求，引导资源投放和服务侧重，满足新生代农民工丰富多样的文化需求。三是鼓励形成开放合作、互利共赢的公共数字文化服务建设机制。

（三）着力丰富新生代农民工精神文化生活

一是举办面向新生代农民工的公益性文化活动，鼓励各地适时举办职工公寓文化艺术节、篮球赛、足球赛、外来务工人员才艺大赛、农民工全民阅读季、农民工文化艺术展演、农民工文化周等专项活动，为新生代农民工提供展示文艺才华的舞台，激发新生代农民工参与文化生活的热情。二是加强新生代农民工题材文化产品创作生产，采取政府购买、项目补贴、项目资助等方式，把文化企事业单位创作生产的优秀文艺作品作为公共文化产品无偿或低价提供给新生代农民工；加强戏曲、歌舞、现代剧等优秀文化艺术在新生代农民工中的普及和推广。三是丰富新生代农民工随迁子女的精神文化生活，要保障新生代农民工随迁子女享受幼儿教育、义务教育等权益。引导各类文化机构深入开展面向新生代农民工随迁子女的公益性文化艺术培训、阅读辅导、科普活动、文体活动等文化服务，鼓励农民工子女学校组织合唱节、歌舞比赛、游学名校等文化活动。四是净化新生代农民工文化生活环境，进一步加强引导和教育，帮助新生代农民工提高识别、判断和自觉抵制不健康文化产品，尤其是不良网络信息的能力。

（四）促进新生代农民工与城市、社会积极有效融合

一是加强对新生代农民工的人文关怀，有关部门要积极开展面向新生代农民工的新市民培训和生产技术培训，培养诚实劳动、爱岗敬业的工作作风和文明、健康的生活方式。同时将返乡新生代农民工纳入本地区公共文化服务体系，开展就业创业辅导和职业技能培训。二是提高城市社区面向新生代农民工的公共文化服务能力，将城市社区打造为新生代农民工享受公共文化服务的主阵地，将公共文化服务与其他公共服务项目结合起来；让社区逐渐成为新生代农民工品质生活的港湾，依托社区综合性文化服务中心大力开展新生代农民工文化服务，有针对性地举办各种文化活动。三是加强对农村留守儿童、留守妇女和留守老人等的文化关爱。基层综合性文化服务中心要配备儿童康乐设施，增加儿童课外读物，并为留守儿童与外出务工父母之间的

视频沟通提供便利。加强面向农村留守妇女、流动妇女的计生知识、心理咨询、文艺活动等方面的服务。推动建立老年体协、老年艺术团、老年大学等文体组织，并提供必要的活动经费。支持公益性文化机构针对“五保户”、孤寡老人等开展“送文化”活动。

（五）创新新生代农民工公共文化服务方式

一是提高新生代农民工文化服务的针对性。依托公共文化服务需求反馈机制，及时准确地了解和掌握新生代农民工文化需求，为农民工提供“菜单式”“订单式”服务。通过政府购买、补贴等方式，支持各类文化单位为新生代农民工开展公益性演出，支持经营性文化设施、传统民俗文化活动场所等为新生代农民工提供优惠或免费的文化服务。依托优秀传统文化资源，为新生代农民工开展形式多样的群众文化活动。新生代农民工聚集地区的文化部门可以探索开发“新生代农民工公共文化服务包”，通过政府集中采购，整合电影放映、文艺演出、文化培训辅导、书报刊借阅、群众文化活动、文化展览讲座、数字文化等急需的文化服务项目，设立供需“菜单式”服务平台，为新生代农民工提供普惠均等、自由选择的公共文化服务。

二是广泛开展面向新生代农民工的文化志愿服务。创新文化志愿服务内容、工作方式和活动载体，引导文化志愿者为新生代农民工提供形式多样、内容丰富的文化服务。探索具有地方或行业特色的新生代农民工文化志愿服务模式和长效机制。“大地情深”国家艺术院团志愿服务走基层、“春雨工程”全国文化志愿者边疆行等重大文化志愿工程项目都已将新生代农民工纳入服务对象。广泛招募热心为他人服务的新生代农民工，鼓励新生代农民工注册为文化志愿者，鼓励组建新生代农民工文化志愿服务组织。

三是鼓励社会力量参与农民工文化服务。将新生代农民工文化服务纳入政府向社会力量购买公共文化服务的指导性目录或具体购买目录，明确购买内容，加大购买力度。通过减免税费、表彰冠名、业务培训、项目帮扶等激励优惠机制，鼓励和支持社会力量通过投资或捐助设施设备、兴办实体、资助项目、赞助活动、提供产品和服务等方式参与新生代农民工文化服务工作。鼓励兴办各类农民工民间文艺团体、阅读推广公益组织等非营利性组织。鼓励具备条件的党政机关、国有企事业单位和学校的各类文体设施向新生代农民工免费或优惠开放。引导新生代农民工代表全过程参与相关公共文化服务体系建设项目的规划、建设、管理和监督。

四是培育和促进新生代农民工文化消费。尽管新生代农民工平均文化消费能力不强，但是群体规模较大，总体消费潜力较大。在公共文化服务体系建设中，统筹考虑新生代农民工的基本文化需求和多样化文化需求，推动公共文化服务向优质服务转变，实现标准化和个性化服务的有机统一。

鼓励有条件的公共文化机构挖掘特色资源，加强文化创意产品研发，创新新生代农民工文化产品和服务内容。完善公益性演出补贴制度，通过票价补贴、剧场运营补贴等方式，支持艺术表演团体向新生代农民工提供公益性演出。鼓励在商业演出和电影放映中为新生代农民工安排低价场次，鼓励出版适应新生代农民工购买能力的图书、报刊。推动影院、剧院、景区等经营性文化设施，以及非物质文化遗产传习场所、传统民俗文化活动场所等向新生代农民工提供优惠或免费的公益性文化服务。

在新生代农民工较为聚集的地方，文化部门可以引导传统网吧改造为更具吸引力的网咖①，为新生代农民工提供上网、看书、休闲、娱乐等低消费文化便民服务。新生代农民工普遍具有上网技能，但是收入总体偏低，社交圈子窄，网咖可以在满足低消费的同时为新生代农民工提供基础公共文化服务。

条件具备的地区文化行政部门、工会等可以与当地银行合作，以联名卡的方式向新生代农民工发放文化惠民卡，从便民、利民角度出发，选择一批在市场上为新生代农民工提供文化服务的优秀企业作为特约文化商户，持卡人刷卡消费时享有免费、折扣等优惠，实现一卡多用。

---

① 网咖，网络咖啡厅（Internet Café），最早起源于欧美，经日本传至中国台湾。2009 年，“网咖”概念由网鱼网咖创始人黄峰在国内首次提出并普及。顾名思义，网咖就是“网吧+咖啡”，不同于传统意义上的普通网吧，其最初的角色与功能主要是为商务人士提供一个舒适又便捷的上网环境，随着时代推进，网咖渐渐成为兼具娱乐与休闲功能的新型业态。

四　我国新生代农民工公共文化服务体系建设的保障措施

（一）加强组织领导

各级文化行政部门要把新生代农民工文化服务工作纳入现代公共文化服务体系建设和“十三五”时期公共文化建设总体安排。充分发挥各级公共文化服务体系建设协调机制和农民工工作领导机构作用，加强统筹协调和工作指导，建立健全政府领导、文化部门牵头、有关部门配合、社会力量参与的新生代农民工文化服务工作机制。对于新生代农民工聚集地区，建议由文化机构和工会牵头，建立新生代农民工公共文化服务体系建设协调机制，明确部门分工，加强统筹协调和绩效考核，逐步建立完善党委和政府统一领导、文化机构和工会组织协调、有关部门分工负责、社会力量积极参与的工作格局。

（二）推进精准服务

各级文化部门要会同工会、公安等有关部门，对辖区内新生代农民工公共文化服务需求和基本供给情况展开专项调查，明确突出矛盾和问题。对照国家基本公共文化服务指导标准和地方实施标准，测算服务和资源缺口，列出公共文化服务项目清单，制定实施方案，形成可操作、可检查、可评估的工作计划、时间表和路线图。

（三）加大经费投入

相关部门要将积极争取公共财政支持，将新生代农民工文化服务工作经费纳入一般公共预算。采取政府购买、项目补贴、定向资助等政策措施，支持各类企业、社会组织参与新生代农民工文化服务工作。进一步加强对新生代农民工公共文化服务项目资金管理使用情况的监督和审计。逐步建立以政府投入为主、社会力量积极参与的新生代农民工公共文化服务工作经费保障机制。

（四）加强宣传推广

进一步加大新生代农民工公共文化服务工作的宣传力度，推动政府部门、文化机构、社会力量更加了解和更好掌握新生代农民工的文化需求，提升新生代农民工对公共文化服务的知晓度、参与度和满意度。加强新生代农民工公共文化服务工作的理论研究、制度设计和实践创新。营造全社会关心关爱新生代农民工、支持新生代农民工公共文化服务工作的良好氛围。

（五）逐渐消除新生代农民工市民化障碍

各地要加快户籍、社会保障等制度改革，逐步消除新生代农民工市民化障碍，打破城乡二元体系藩篱，不再按照户籍人口，而是按常住人口来配置文化资源和文化服务。只有新生代农民工真正享有与城市居民均等化的文化权益，才能彻底消除他们在城市生活的“文化孤岛”现象。

五 结语

新生代农民工通常是指“80后”“90后”农民工，具有受教育程度高、职业期望值高、物质和精神享受要求高、工作耐受力低的“三高一低”特征。另外，他们获取的信息量较大，大部分人能通过新媒体等渠道获得信息。与老一代农民工相比，新生代农民工由以往进城挣钱、回乡发展，转为进城融入城市发展；由以往要求足额支付工资，向要求参加社会保险转变；由以往要求改善劳动条件，向要求分享企业和社会发展成果转变，其中就包括公共文化服务的成果。

长期以来，公共文化服务与新生代农民工文化需求时有错位，如何满足新生代农民工多元文化需求和提供精准服务成为近年来政策制定、学术研究的热点。课题组认为，全社会要进一步关注新生代农民工的实际获得，建立流入地和流出地政府分工合作的责任机制，建立“自下而上、以需定供”的互动式、“菜单式”公共文化服务方式，推动正确消费观引导下公共文化产品和服务的供给侧结构性改革，形成丰富、多元、可选择的新供给侧结构。

第一，将新生代农民工纳入城市公共文化服务人群。提升城市社区作为新生代农民工文化服务主要载体的作用，有条件的流入地政府可以设立农民工城市文化建设专项资金。增加流动文化设施，将新生代农民工纳入社区公共文化服务体系，使社区公共文化与新生代农民工的日常生产、生活相连接、相融合。加强宣传引导，在社区营造宽容、开放的文化氛围。消除新生代农民工与城市居民之间的心理隔阂，增强他们之间的信任感和同理心，加强彼此之间的日常沟通交流。吸纳新生代农民工较多的企业要增强社会责任感，积极参与社区文化建设，不断完善职工书屋、农民工文化家园等企业内部文化设施，并支持所在社区的文化建设。文化类社会组织可以积极发挥社会动员优势，引导和动员社会力量参与社区文化建设，共同为新生代农民工提供文化服务。

第二，为新生代农民工融入城市提供行为规范和权利保障。消除户籍制度带来的群体歧视，取消城市用工、资源使用等方面对新生代农民工的种种限制和带有歧视性的规定，使他们能以积极姿态拥抱城市文化，感受城市的人文关怀。完善城市社区各类行为规范和保障性制度，出台社区居民日常行为规范和农民工合法权益保障指南等规范性文件，为新生代农民工获得公共文化服务提供制度保障。

第三，由于新生代农民工还没有形成牢固和正确的价值观，加上社会不公平现象客观存在，他们较容易在网上接收一些负面信息。政府、企业、媒体及相关公共文化机构有责任对新生代农民工进行社会主义核心价值观引导，大力传播优秀文化，净化网络环境，帮助他们正确使用网络提升自我，而不是迷失在网络世界中。

第四，鼓励社会力量给予文化关怀。用工企业在保证新生代农民工基本生活保障与合法收入的基础上，丰富其文化生活，提供技能、语言等培训，扶持和帮助新生代农民工成立职业协会、兴趣组织等，将他们纳入各级党组织、团组织和社会组织，扩展他们的人际圈子，在他们最需要文化滋养的时候给予文化关怀，真正实现企业社会效益和经济效益的双效统一。专业院团、文化类社会组织、文化机构等社会力量要将新生代农民作为重要服务对象，制订工作计划，提供有针对性的文化服务。

第五，帮助新生代农民工返乡就业创业。近年来，产业结构调整不断推进，部分企业用工明显减少，尤其是以农民工为主的普通低技能岗位减少情况更为突出，与此同时，随着中西部经济迅速发展，以及东部地区企业大量西移，新生代农民工在家乡打工的机会越来越多，工资水平也稳步提高，再加上需要照顾留在家乡的亲人，许多新生代农民工回流原籍打工或创业。因此，流出地政府要将新生代农民工回流后的公共文化服务作为重点，出台文化惠民政策吸引他们返乡，为家乡发展做出贡献。

烟台市公共文化服务社会化发展研究

徐　明*

一　公共文化服务社会化发展“烟台模式”

山东烟台积极贯彻落实中共中央办公厅、国务院办公厅《关于加快构建现代公共文化服务体系的意见》，按照“政府主导、社会参与、改革创新、共建共享”的指导理念，积极推进公共文化服务的社会化发展，探索建立推进公共文化服务社会化的“1+5”制度体系和10个机制创新，为公共文化服务的社会化发展提供了示范和模板。

公共文化服务社会化发展“烟台模式”的主要特点是：以“1+5”制度体系为核心，从培育社会力量参与主体、扩展社会力量参与平台、创新社会力量参与方式、增强社会力量参与能力、提升社会力量参与效果等多角度，构建社会力量参与公共文化服务的长效机制，打造出烟台市公益文化项目推介机制、烟台大剧院三位一体公共文化服务模式、烟台市“89000”[①] 现代公共文化服务平台、烟台市公共文化共建共享机制以及烟台市志愿者乐团演出季等公共文化服务社会化发展的亮点品牌，极大地促进了烟台市公共文化服务的社会化发展，增加了公共文化产品的供给，提升了公共文化服务的效能，满足了广大人民群众不断增长的文化需求，维护了广大人民群众的文化权益。

---

*　徐明，山东烟台市文化广电新闻出版局原局长，主要研究方向为公共文化服务等。

①　烟台市公共服务热线电话号码。

二 烟台市公共文化服务社会化发展的现实基础与问题分析

（一）烟台市社会力量参与公共文化服务的现实基础

1. 从经济发展看，烟台市社会力量具有参与公共文化服务的经济基础

烟台是全国首批14个沿海开放城市之一，全市共有各类市场主体359000多户，上市企业30多家，2014年全市实现GDP 6002亿元，经济总量居全国大中城市前20。良好的经济基础为烟台孕育了参与公共文化服务的巨大社会力量。张裕集团、绿叶集团、安德利公司等企业既是烟台的纳税大户，又是公共文化服务的热情参与者。2015年，龙口市、招远市、莱州市等入选全国综合实力百强县，涌现出南山集团、中矿集团、玲珑集团等大型骨干企业，以及大批民营企业，创业成功的国有、民营企业家基于自身的文化理念和发展谋略，主动投资建设文化设施。这些设施由企业自担建设和运营成本，或对社会免费开放，或承担部分公共文化功能，兼具社会公益性质，成为政府投入的重要补充。

2. 从文化发展看，烟台市社会力量具有参与公共文化服务的文化自觉

社会力量参与公共文化服务是个人实现自身价值，企业塑造社会形象、促进自身发展的重要途径。烟台是国家历史文化名城、全国文化先进单位，连续4届被评为“全国文明城市”，随着城市文明程度的不断提高和崇德向上文化氛围的日益浓厚，各种社会力量参与公共文化服务的文化自觉和热情不断增强。烟台市从2003年起连续举办了13届公益文化项目推介会，将文化资源整合成项目向社会推介，寻求与社会、企业的合作，累计推出2619个公益文化项目，有3000多家企业参与项目洽谈，实际成交1838个项目，协议资金达5.2亿元，实际利用资金2.4亿元，这些都是烟台企业自觉参与公共文化服务的有力证明。

3. 从实践成果看，社会力量参与起步早、效果好

早在“十一五”时期，烟台市就树立“抓文化就是抓发展、抓文化就是抓民生、抓文化就是抓和谐”的理念，投资 50 多亿元，基本建成功能完善、布局合理的市、县、镇、村四级公共文化服务网络，走出了一条“靠政府主导强化保障，靠设施建设夯实基础，靠改革创新增添活力，靠真诚服务惠及群众”的发展之路。从 2003 年开始，烟台市以高度的文化自觉率先开始社会力量参与公共文化服务的实践探索，并取得初步成效。

一是自觉搭建社会力量参与公共文化服务的平台。累计有 3000 多家企业通过公益文化项目推介会这一平台进入公共文化服务的供给领域，成为公共文化服务供给主体。

二是实行文化类社会组织孵化机制，为文化类社会组织提供全方位支持，每年免费培训文化类社会组织业务骨干 1000 多名。

三是连续 13 年举办烟台山文化节，后演变为烟台文化艺术季，为社会力量参与公共文化服务提供展示平台。

四是实行区域内文化共建共享，文化事业单位与企业、学校共同开展文化共建，取得了丰硕成果。

五是政府购买企业管理运营起步早、监管到位。烟台市在山东省率先实行政府购买管理运营的方式，将烟台大剧院委托北京保利剧院管理公司管理运营，实行有效监管，实现了社会效益与经济效益的“双丰收”。

六是采取改革创新的方式，增加公共文化产品供给。改革烟台市文物店管理运营体制，将 37700 多件文物无偿划拨给烟台市博物馆，极大地丰富了公共文化产品供给；建设许麟庐艺术馆等名人艺术馆群，提升公共文化产品供给水平。

七是文化志愿者服务起步早、基础好。打造了两支文化志愿者乐团——烟台文华爱乐乐团和烟台华韵民族乐团，每年举行公益演出季，带动了更多的人加入文化志愿者队伍。

（二）烟台市公共文化服务社会化发展的问题分析

1. 政府引导公共文化服务社会化发展的扶持政策体系尚不健全

近年来，从国家到山东省都出台了一些公共文化服务政策和标准，目标日益明确，烟台市也制定出台了有关公共文化服务的政策文件，例如烟台市委、市政府下发的《关于进一步加快文化建设的意见》，烟台市委办公室、市政府办公室印发的《关于加强公共文化服务体系建设的实施意见》等，但缺乏引导社会力量参与公共文化服务的专门政策和配套措施。现有的政策多侧重从宏观层面提出要求，原则性阐述多，微观执行层面的配套性不足，鼓励社会力量参与公共文化服务体系建设的政策力度不够、实施细则不完善、激励性不强、氛围营造不浓厚，税收减免以及企业向公共文化捐赠抵税方面的政策缺失，导致社会力量参与公共文化服务的积极性不高、参与程度有限、涉及领域较窄，相关的公益性捐赠税收优惠等政策措施也未能有效跟进。

2. 文化资源开发利用不够，社会力量参与仍有巨大空间

烟台市是国家历史文化名城、全国文明城市，文化基础良好，有着丰富的文化资源，但从现实情况看，受政策、机制等因素制约，现有文化资源闲置较多、挖掘利用不够，导致参与公共文化服务的总量偏少，涉及的领域较窄，还有相当大的拓展空间和开掘潜力。全市与此紧密相关的文化类社会组织发展缓慢、数量有限，整体力量比较薄弱，有些缺乏良好的组织运行以及行业自律机制，亟须得到帮助或扶持。截止到创建期前，在烟台民政部门登记的具有法人资格的文化类社会组织不足300家。其中，全市民办博物馆不到10家。而2014年5月宁波文化网报道，有着“中国博物馆文化之乡”美誉的宁波鄞州区，当时已建（在建、筹建）博物馆、陈列馆、艺术馆达36座（已建成27座、在建2座、筹建7座），其中民办博物馆23座，约占总数的2/3，且正以平均每年3~5座的速度增长。

3. 政府购买公共文化服务方式单一，社会力量参与的渠道尚未完全打开

政府向社会力量购买文化服务，是推动公共文化服务社会化发展的重要

举措。但是，创建刚起步时，烟台市还没有制定这方面的规范性政策文件，现有的一些做法比较零散，不够科学规范，仅有个别县（市、区）向社会力量购买农村电影放映等单项服务，没有在面上推开，购买主体、承接主体、购买内容、指导性目录、运作机制、监管机制等均不明确。因此，现有状况无法为社会力量提供多领域参与的渠道和平台，使得各类社会力量难以把握参与公共文化服务的收益、回报或前景，一些社会力量特别是文化类社会组织想参与却不知通过何种途径参与，而政府需要社会力量参与的领域和项目却是空白，例如文化资源和遗产保护方面。这些在一定程度制约了社会力量参与的能动性，不利于规范和引导文化类社会组织健康发展，制约了公共文化服务社会化发展水平，亟待克服解决。

4. 公共文化服务社会化发展不平衡，推进落实机制亟待加强

从区域情况来看，烟台市区发展状况总体好于县、市，经济发达的地区好于经济相对落后的地区；从参与涉及的范围和领域来看，企业和社会力量以冠名等合作形式参与的公益演出、书画展览、电影放映等文化活动占公共文化服务总项目的30%左右，参与的文化设施建设项目占13%左右，参与的文化理念塑造（宣传、教育、培训）项目占10%左右；从参与主体的分布来看，全市有超过1/3的企业和社会组织参与过公共文化服务，仍有近2/3的企业和社会组织没有参与过任何形式的公共文化服务，存在很大的发展空间。针对目前存在的一些薄弱状况，需要树立问题导向，在各个领域建立完善推进落实机制，破除“短板效应”，将全市公共文化服务社会化水平推向一个新高度。

三　烟台市公共文化服务社会化发展的方向

烟台市公共文化服务社会化的后续发展要坚持“以人民为主体”的原则，坚持“创新、协调、绿色、开放、共享”的发展理念，完善扶持制度，优化投入结构，建立供需对接机制，加大信息支撑力度，进一步优化公共文化服务的结构，提升公共文化服务的效能，促进公共文化服务的均等化和标准化，满足群众不断增长的文化需求。

（一）进一步完善公共文化服务社会化建设和扶持制度

公共文化服务制度保障机制的建设，除了明确公民权利与政府责任，还需要加大政策扶持力度，提供政策支撑。法律法规关于权利义务的规定，只是一些原则性规定，从法律层面保护公民的文化权益，防止其文化权益受到侵害。具体到公共文化服务体系构建的实践中，政策的扶持与支撑作用不容忽视。政策的制定与实施，可以为公共文化服务体系的构建提供指导，并引导多元化的主体参与公共文化服务体系构建。①

为推进国家公共文化服务体系示范区创建工作的顺利开展，烟台市在推动公共文化服务社会化发展方面已制定了一系列的政策，包括目标原则、公益文化项目推介机制、公共文化服务购买、文化类社会组织孵化培育和宣传文化队伍建设等方面。这些政策的制定与实施，为烟台市公共文化服务体系的构建提供了制度上的保障，保证了公共文化服务体系示范区创建工作的有效推进。但是，随着公共文化服务体系的丰富和发展，接下来仍要结合实际需求，在2013年出台的《关于政府向社会力量购买服务的指导意见》和2015年出台的《关于加快构建现代公共文化服务体系的意见》的指导下，进一步完善烟台市公共文化服务社会化相关制度，加大政府向社会力量购买服务以及社会力量参与公共文化服务的政策扶持力度。

一是对文化设施和文化产业重点建设项目在土地供应方面予以充分保障。对于符合国家划拨用地目录的非营利性文化产业用地，可以以划拨方式供地；鼓励在不改变用地主体、不重新开发建设等前提下，充分利用工业厂房、仓储用地、传统商业街区等存量房产和土地资源兴办文化企业。

二是认真执行国家现行关于对文化产业发展的税收优惠政策，鼓励社会力量投资兴办文化实体，在工商登记、项目审批、土地征收、规费减免、财政扶持、投融资及从业人员职称评定等方面享受同等待遇。同时，加强和促

① 舒雯：《公共文化服务保障机制建设研究——以宁波市鄞州区为例》，硕士学位论文，浙江大学，2013。

进文化非营利组织、公私合营文化组织或项目发展，推动公共文化服务社会化发展。

三是加快制定公共文化服务社会化建设的专项政策，引导社会力量参与公共文化服务建设和发展，使公共文化服务社会化建设的政策和内容更加制度化、规范化，为公共文化服务社会化建设提供完备的政策基础。

四是通过制定科学的财税法规与政策，界定和评价政府的公共文化服务职责，区分基本公共服务与非基本公共服务，实施有差别的财税政策，充分考虑城乡之间、发达地区与落后地区之间的不同需要以及基本公共服务均等化问题。

（二）优化公共文化财政投入结构，促进公共文化服务均衡发展

公共文化服务体系建设中财政保障的效率与可持续性问题越发凸显。财政投入是公共文化服务体系建设的基础保障之一。在加大公共财政对文化投入力度的同时，也需要不断创新公共财政对文化的投入方式和扶持机制，适当地引入市场化机制和手段，使公共文化服务的供给主体多元化，更好地满足群众的多样性公共文化服务需求。目前，烟台市社会力量参与公共文化服务正处于起步阶段，社会资本的投资模式和运营方式都处于探索阶段，还没有形成一套完整、成熟的制度体系。

一是需要建立以政府为主导的多元化公共文化服务财政保障机制，大力引导有实力、有意愿的主体投资公共文化服务建设，探索各种文化投融资渠道，进一步鼓励、引导社会团体、企业、个人等民间资本以多种形式参与兴办公共文化事业和文化产业，逐步形成政府投入和市场投入相结合，多渠道、多元化的文化投入机制。

二是积极创造条件，优化财政支出结构和投资政策，为更多的民间资本投资公共文化服务提供平台和项目。

三是对资金使用结构进行优化调整，促进公共文化服务社会化的均等化发展。由于经济、地域等原因，烟台市各地域公共文化服务社会化建设与发

展出现不均衡现象。因此，今后的方针政策应向相对落后地区和领域倾斜，促进全市公共文化服务社会化的均衡化发展。

（三）进一步拓展公共文化服务的多元化供给模式

随着经济社会的发展，公共文化服务的范围大大扩展，群众的需求和偏好呈现多元化、复杂化和个性化特征，传统的公共文化服务供给模式难以适应市场经济体制。随着公共文化服务体系建设的不断发展，公共文化服务的供给形式也将趋于多样化。公共文化服务作为特殊的公共产品，虽具有公共产品的属性，但在提供时可以采取多样化的形式，既可以由政府直接供给，也可以间接供给。政府应充分利用政策安排和预算安排引导和鼓励社会力量参与公共文化服务的供给，进一步扩展公共文化服务的多元化供给模式。

一是从政策上整合社会资源，促进公共文化服务基础设施建设和使用效益的提高。在现有基础上，继续坚持打破公共文化服务必须由政府来投资建设的观念和思维，形成政府主导、社会参与的建设格局。通过借鉴国内外社会力量参与公共文化服务供给模式，进一步拓展培育文化非营利组织、购买公共文化产品和服务、鼓励社会力量捐赠和兴办、引入社会力量参与公共文化实施的建设管理等方式，充分利用所有有利于公共文化服务发展的社会资源，充实烟台市的公共文化服务建设。

二是从政策上支持整合利用社会资源，优化企业、社会组织和事业单位所有的资源，比如，企业可以通过提供人力资源参与公共文化服务，也可以通过赞助的形式参与。而对那些由市场供应的更高效率的公共文化服务，或具有私人产品特征的准公共文化服务，应在政府进行必要引导和监督的前提下，交由市场供给。要减少政府公共财政出资的文化事业组织直接生产和提供公共文化服务，依托企业的基础设施，多让文化企业生产和提供公共文化服务，降低生产和服务成本，提高服务质量。

三是从政策上鼓励企业与政府合作建设公益性文化项目，鼓励志愿者参与公共文化服务体系建设等，鼓励社会组织利用自有基础设施向群众提供各种公共文化服务。将那些企业和社会组织能够承办的公共文化服务或建设交由企业或社会组织办理。此外，还要积极探索政府购买文化服务的方式，通过税费减免、财政转移支付等多种形式，鼓励和引导社会力量广泛参与城乡基本公共文化服务，实现公共文化服务提供主体的多元化和有序竞争，解决异质化的公共需求与有限的政府服务能力之间的矛盾，提高公共文化服务供给的质量和效率。

（四）建立供需对接机制，满足群众的多元化需求

公共文化服务供给的过程中，在做好提供主旋律文化产品的同时，重点摸清群众的基本状况和需求，调动群众参与公共文化服务的意见反馈环节，做好供与需结合的文章。服务的对象是广大依法享有文化权利的群众，他们的需求决定着公共文化服务体系中的其他环节，而群众参与公共文化服务的程度直接决定着群众对政府所提供公共文化产品的满意度和公共文化服务水平的高低。换言之，公共文化服务均等化需要打破“自上而下”“我供你接”的文化产品和服务供给的惯性思维模式，建立反馈机制，充分发挥政府的作用，注重基层文化站、社区组织和其他社会力量的作用，组成“专家团”对公共文化需求进行定期评价和反馈。

第一，以人为本，用“三贴近”的艺术手段，倡导积极、健康、向上的主流文化，为大众提供主旋律、正能量的精神文化食粮，大力弘扬“民主法治、公平正义、诚信友爱”等社会主义核心价值观，发挥文化引领风尚、教育人民、服务社会、推动发展的作用。

第二，基层文化管理部门要通过调查研究、接触群众代表等多种方法，广泛调动和汇聚民智民力，改变公共文化产品和服务供给与人民群众多样化文化诉求目标错位、需求结构不对称和群众参与文化建设的领域不广泛、参与水平不高、参与制度保障不健全、政府信息不够公开等现状，形成多元化、多样化的群众文化参与形式和公共文化需求表达、意见收集、决策参与机制。

第三，促进公共文化服务决策的科学化、民主化，把保障人民群众知情权、参与权、监督权贯穿“文化惠民”全过程，以民主保障公共文化服务

供给的公平和效率。通过调查、咨询、协商等多种方式，拓展群众文化参与的渠道，提高群众的文化自觉，增强群众的文化自信。只有首先准确识别这部分群众对公共文化服务的需要，才能帮扶和解决群众所享用的公共文化有效资源总量“稀缺”等问题。比如可针对部分地区公共文化资源匮乏的现状，以鼓励群众自办文化的方式，结合当地实际，由相关文化职能部门出面，协助社会组织参与帮扶群众自办的文化大院、文化站、文化室、图书室、书社和电影放映团队等的正常运转，借此加强文化传承，满足群众对文化的多元化需求。此外，随着信息化的不断发展，可设立或进一步增加通信工具和平台，多渠道了解群众文化需求，及时分析、反馈和评价，形成良好的双向沟通互动。

（五）加大公共文化服务宣传力度，提供公共文化服务信息支撑

从现实情况看，公共文化服务宣传力度不够，导致公众对公共文化服务项目的认知度不高，进而影响了公众对公共文化服务的参与度、满意度。同时，因为宣传工作的不到位，一些公众对周边的公共文化服务设施、场馆、活动不甚了解，公共文化服务设施、场馆的利用率不高，既导致资源的浪费，也并没有满足公众的公共文化需求。加大公共文化服务宣传力度，让更多公众及时地获取信息，了解更多的公共文化服务项目，为公共文化服务社会化的建设与发展提供强有力的信息支撑体系。因此，一方面为了让社会力量进一步了解和参与公共文化服务项目建设的开发和利用，另一方面为了提高社会参与度和群众满意度，有必要加大公共文化服务宣传力度。利用网络、电视、广播、报纸等媒体，特别是微信公众号、手机客户端等网络新平台，借助其受众面广、传播迅速、互动灵活等特点，及时地向公众发布最新的公共文化服务信息，包括新建成的公共文化服务设施，公共文化服务场馆的开放时间及具体地址，公共文化服务活动的主题、内容、举办时间、地点等。首先，当地政府网站或文化部门网站可以设置一个专题或者开发专属手机客户端，用于发布公共文化服务信息。其次，公共文化场馆要及时在自己的门户网站上公布相关信息。最后，公共文化服务活动主办方可以在电视或

报纸上宣传活动。借助媒体的广泛性、时效性，让更多的公众更快地了解相关信息，保障公众对公共文化服务的知情权，提高他们对公共文化服务的知晓度与参与度。另外，还可以在人口比较集中的地点开展公共文化服务的宣传活动，向公众传递信息，并发放宣传资料，以便其阅读、了解。

实践案例

公共文化服务融入旅游发展

——广东省博物馆“驿路同游”实践探索

广东省博物馆

摘　要： 在文化和旅游融合背景下，各地各级公共文化机构就如何将服务融入旅游发展进行了积极探索，博物馆、图书馆等策划开展的研学旅行成为其中一种重要形式。广东省博物馆将南粤古驿道周边丰富的人文历史旅游资源进行了整合并重点推介，推出“驿路同游”研学旅行项目。该项目通过文化线路考察，构建起“遗产解读新框架”，通过与教师结盟，开展综合实践课程设计，开发出面向未来、能够提升学生综合素养的南粤古驿道实践课程，取得了良好效益，为公共文化机构的服务积极融入旅游发展提供了范例。

关键词： 文化和旅游融合　研学旅行　公共文化机构

一　案例背景

文化和旅游部组建以来，明确了“宜融则融、能融尽融，以文促旅、以旅彰文”的工作思路，当前要注重围绕文化和旅游融合发展这一重要工作，以人民美好生活需要引导文化建设和旅游发展。文化资源既要保护好，又要“活起来”，用文化提升旅游项目和旅游产业的品质内涵，用旅游传播文明，用旅游彰显文化自信。公共文化机构掌握着大量的文化资源，也具备对这些文化资源进行深刻解读和准确利用的能力。因此，在文化和旅游融合背景之下，公共文化机构如何有效利用所掌握的文化资源，积极融入旅游发展，就成了一个重要问题。目前，各地各级公共文化机构已经进行了多种途径的探索，博物馆、图书馆等策划开展的研学旅行就是其中一种重要形式。

研学旅行是旅游的一个重要种类，更加关注目的地的文化旅游资源，是一种满足自我提升需求的高层次旅行，体验性、教育性、娱乐性、休闲性是其主要特性。近年来，研学旅行备受游客青睐，给旅游行业带来了机遇。很多地方开始大力推广研学旅行，丰富旅游种类，提升旅游品质，不断满足人民群众日益增长的文化需求。广东省博物馆在开展研学旅行方面进行了有益的探索，取得了良好的效益。

目前，广东省正着力推广“南粤古驿道活化行动”计划，旨在对南粤古驿道进行系统规划，将古驿道与岭南特色历史文化主题相结合，全面推动有人文历史故事的乡村旅游，弘扬岭南优秀文化，提升市民生活质量，并通过驿道传递动能，助推广东区域经济协调发展。为配合广东省政府的战略决策，广东省博物馆基于发挥服务当代社会的新时代功能，于 2017 年 9 月策划推出国内第一个以古驿道为主题的展览“南北通融——南粤古驿道展览”，通过文物和图片，呈现古代广东区域交通演变历程及其背后蕴藏的国家与地方的互动关系。南粤古驿道是不可移动的文化遗产，具有在地性，博物馆内的展览是一种非在地性的呈现，难以很好地向观众展现并解释其文化价值。如何活化古驿道资源，形成区域网络合力，是博物馆人需要思考的问题。在展览基础上，广东省博物馆还将古驿道周边丰富的人文历史旅游资源进行了整合并重点推介，推出“驿路同游”研学旅行项目，期望观众走出展厅，走向历史现场，感受时空变迁下的南粤图景。

二 具体做法

（一）文化线路考察：构建起“遗产解读新框架”

作为华南区域核心博物馆，广东省博物馆最重要的基本职能就是带领观众重温当地的历史进程，从收藏历史转向寻找文化认同、制造心灵愉悦体验。中国的博物馆越来越重视馆舍空间内的教育与服务，不仅形式、内容不断丰富，社会效益也更加显著。广东省博物馆馆长魏峻提出，应该更多关注博物馆围墙之外的拓展，让博物馆的功能实现与服务成果能够真正走向大千世界、走到公众身边。从 2015 年开始，广东省博物馆有计划地与社会力量合作，将博物馆的功能和服务从馆舍之外向公众密集分布的城市公共空间（如地铁、机场、商场、公园等）和生活空间（如社区、住宅楼、养老院、幼儿园等）延伸，作为该馆“无边界博物馆”实践的一项重要内容。

因此，博物馆教育的视野不能再局限于藏品及博物馆空间上。南粤古驿道上还保留了许多古代道路遗存、北方人口南下修建的大量房屋，以及民族、民系融合而产生的区域文化，这些古道、古村落、古建筑等不可移动资源和不同的民俗风情等非物质遗产，甚至当前所呈现的自然地理风光及旅游者当年选择驿道的原因等，都能作为开展青少年教育的优质资源。

将文化线路作为旅游点可以追溯到 18 世纪，当时欧洲上层社会的年轻人尤爱在意大利等欧洲国家进行长途旅行，以此深化文化与艺术教育。第一，“纸上得来终觉浅，绝知此事要躬行”。对于历史文化的学习绝不能仅仅通过书本教学死记硬背，这样不但丝毫没有现实意义，更是增加了学生的学习负担，学生不能很好地将知识有效转化并在实践中加以利用。第二，文化线路构建“遗产解读新框架”。“文化线路概念蕴含了远大于它各部分总和的整体性价值，赋予线路本身以内涵。”受欧洲文化路线思想的启发，广东省博物馆联合南粤古驿道沿线博物馆，挖掘广东本土历史文化资源，利用古驿道开发和推广适合青少年研学的独立行程或系列旅行线路，并将其命名为“驿路同游”。

（二）与教师结盟："驿路同游"综合实践课程设计

"驿路同游"针对学生群体开展研学课程设计属于文化线路研学的一部分，目前没有太多经验可以借鉴。针对广东省内古驿道，与其所在区县博物馆共同合作开发乡土研学课程，仍面临不少挑战。各区县博物馆人员少、经费紧张、文物不足、专业性不高，之前基本没有旅行团开展研学活动。

如何有效设计课程？如何让区县博物馆参与合作？如何与学校合作？如何落实课程预期？这些都是要解决的问题。广东省博物馆以"南北通融——南粤古驿道展览"为契机，首先针对教师团体推出了为期 5 天的"驿路同游：博物馆综合实践课程设计"培训课程，招募教师一起参与策划研学课程。2017 年面向社会开展 2 期，共招募 60 余人参与；2018 年 1 月针对广州市第十六中学的教师团体开展培训，打破单一的历史地理界限，所有科目的教师都参与，并思考所学专业如何与古驿道课程结合。事实证明，有了教师的深度参与设计，学生的体验效果很不一样。

"驿路同游：博物馆综合实践课程设计"培训课程首先思考的是如何将"凝固的历史"活化。培训课程希望通过对南粤古驿道的细节剖析与历史阐述，引入心理学、教育学、自然观察和戏剧教育等创新教学方式，为学生提供多角度、深入思考的学习平台，寻找与教师合作的契机。为此，广东省博物馆设置了一系列培训课程。

从内容设计方面考虑，在什么是南粤古驿道、南粤古驿道的特点有哪些等方面突出文化传承主题研究。以南粤古驿道为载体探究区域往来、文化交融、人文精神、海上丝绸之路、家国情怀、匠心精神（如地区古建筑、传统工艺、非物质文化遗产等）、民俗民情（饮食文化、茶文化、戏剧、方言、节俗等）的关键内涵，思考个体与社会对于传统保护与复活、文化传承与革新、经济活化与振兴、区域定位与发展的责任与使命。同时，关注自然科学主题板块。古驿道及古港选址有着独特的自然、历史人文与地理成因，学生可据此形成直观的区位概念，并进一步形成宏观地理格局。开展典型地貌特征以及区域生物多样性研究，通过地质地理与生物两个角度进行实地考察；采用科学研究方法；培养科学理性辩证思维，并通过后续探究强化深入思考与研究的成果运用，进一步提升科学精神与素养。

培训课程结束后，教师们实地考察了南江古驿道和梅关古驿道沿线的博物馆、考古遗址、古村落和重要自然景观，并且结合考察状况来设计课程，丰富课程内容。“驿路同游”研学课程涵盖了政治、地理、历史、语文、物理、生物、艺术等多学科内容，希望通过相关学科的理论来指导博物馆研学活动。经过探讨，“驿路同游”研学课程确定了体验性、探究性、体能锻炼、情感性四个方面的目标。

（三）面向未来：提升学生综合素养的南粤古驿道实践课程

广东省博物馆“驿路同游”研学活动，是将博物馆研学向外延伸的积极实践，也是教育领域实现文化转向，培育探索精神、好奇心和鼓励试验的重要途径。学生通过参加“驿路同游”研学活动，在南粤古驿道上实地体验古道的历史人文和自然内涵，并且开展拓展性的探究学习。

下面以广东省博物馆和广州市第十六中学合作的南江古驿道研学课程实践为例，探讨和评估“驿路同游”研学课程的具体内容。

南江古驿道研学活动是“驿路同游”研学课程的第一次具体实践。南江古驿道位于广东省云浮市，此次研学考察的区域位于云浮市下辖的罗定市。研学活动前后分为三个教学阶段，第一阶段为行前课程，组建考古、自然、戏剧、古驿道研究专家团队，完成背景导入，建立古驿道相关概念，通过学习方法引导，充分激发学生的探索热情。第二阶段为南江古驿道实地考察，引导学生逐步完成探索目标，采用灵活多样的教学方法与学习方法，包括启发式问答、情景剧创作、调研访谈、样品采集、考古挖掘等，激发学生学习成果的不断生成与延展。第三阶段为博物馆拓展课程，学生回到博物馆，继续学习展览策划、文物修复保护、主题手抄报制作，进一步体现并深化研学成果。

1. 古驿道之人类寻祖

穿越 60 万年的握手。大名鼎鼎的“磨刀山遗址与南江旧石器地点群”

是 2014 年度的“全国十大考古新发现”，位于南江古驿道区域范围内。研学课程分配给学生的任务是完成考古学家手记，采集原始人在此生活的证据，分析原始人定居原因。

2. 博物学家的实践

博物学家课程是指让参加研学的学生制作腊叶标本。设置腊叶标本制作环节，可以让学生与大自然亲密接触，并对南江古驿道所在区域的植物资源和生态环境有所了解。

3. 地理学家实践

该项实践主要是手工绘制南江地区陆路与水路的网络图。地图绘制将从历史、地理角度让学生进一步理解地理对历史及人类活动的影响。

4. 古驿道之乡土智慧

古驿道之乡土智慧选择“罗定稻米”作为主要考察内容，意在使学生通过稻米种植和栽培了解当地的民风民俗。从餐桌到百年前的梁家庄园大粮仓，再到稻米博物馆和现代工业化下的米厂，参加研学的学生亲身感受罗定稻米的生长及生产过程，进一步强化对南江古驿道区域民生的感受。

5. 古驿道之风云人物

罗定是蔡廷锴将军的故乡，也是淞沪会战中十九路军将领的摇篮，浓厚的爱国情怀和“天下兴亡，匹夫有责”的责任感深深地刻在每一个罗定人的心中。在罗定研学中，学生参观了罗定博物馆，通过文字、图片、实物感受蔡廷锴等爱国将领的家国情怀，并以情景剧表演再现了 80 多年前抗日战争时期那一场惊心动魄、热血沸腾的淞沪会战。

广东古驿道资源丰富，为充分利用古驿道资源开展研学活动，从 2017 年开始，广东省博物馆联合各学校与教育机构研发了多条针对中小学生的“驿路同游”研学线路。通过多次实地考察、论证、备课与实践，深度挖掘各条古驿道的历史渊源、自然风光、风土人情和红色故事，设计不同的考察研学模式，已经开发的古驿道研学项目共包括 11 条高品质研学线路。在研学过程中，广东省博物馆十分注重收集整理青少年的古驿道研学作品。一条古驿道、一场研学、一群学生、一所学校迈出的一小步，却是教育回归本真的一大步。

三 启示与思考

作为一项推动青少年全面发展的惠民工程，一项关乎国家未来发展、民族复兴的大事，研学旅行工作备受关注。研学旅行也是文化和旅游有机融合的一个绝佳途径。广东省博物馆作为一家公共文化机构，打破了博物馆“围墙”，带领教师和学生在自然、历史遗址和生活中去感受和寻找，把散落在南粤大地的“珍珠”串起来；用脚步丈量古道，用眼睛观察自然，用心体会文脉传承，用头脑规划未来发展；打破学科界限，在社会中学习整合资源和信息，促进思考；搭建沟通交流平台，提升解决问题的能力。南粤古驿道研学是将博物馆研学向外延伸的积极实践，以古驿道独有的区域属性与丰富的文化内涵为载体，引导学生通过项目式学习模式，充分发挥主动性与创造性，进行自主学习与知识构建。同时，它也为公共文化机构积极融入旅游发展提供了范例。

这些“走出去”的项目不仅惠及博物馆的观众，同样让博物馆系统受益。广东省博物馆每开发一条线路，都会将自身开发的资源打包授权给所在地的博物馆，而当地博物馆则依托自己的馆藏和积淀，协助广东省博物馆进行项目的开发和推进，让一些原本寂静的偏远地区博物馆发掘出更多的价值。广东省就像个大的、活的、立体的博物馆，广东省博物馆正是通过“驿路同游”这样的项目，来让“曾经（发生在这里）的故事鲜活起来”。

引入社会力量　打造艺术社区

——北京东城27院儿塑造社区公共空间

北京市东城区文化和旅游局

摘　要： 北京市东城区在公共文化服务社会化运营中，引入北京一吨象文化产业发展有限责任公司创意运营社区腾退空间，为社区居民提供包括公共文化服务在内的公共服务。运营团队结合自身强大的“海归”背景，积极借鉴国外城市社区治理的经验，将“艺术社区”理论运用于公共文化服务升级探索、老城区更新改造与社区治理和谐向好的实践中，创新“以艺术推动社区发展”的运营理念，在示范区创新发展中形成了以27院儿为代表的多个新型公共文化空间。

关键词： 公共文化服务　社会化运营　北京27院儿　艺术社区　公共文化空间

一　背景

习近平强调，要推动社会治理重心向基层下移，把更多资源、服务、管理放到社区，更好为社区居民提供精准化、精细化服务。《关于加快构建现代公共文化服务体系的意见》深入贯彻落实党的十八届三中全会精神，将培育和促进文化消费、鼓励和引导社会力量参与、发展文化非营利组织作为构建现代公共文化服务体系的重要内容。

党的十八届三中全会提出，要推动公共文化服务社会化发展。这是顺应时代发展、构建现代公共文化服务体系的题中之义。鼓励和引导社会力量参与，进一步明确公共文化服务社会化发展的方向、思路和实施路径，必将增强公共文化服务的发展动力，有效拓展公共文化服务的广阔空间，切实增加广大人民群众的文化福祉。

北京市东城区立足首都功能核心区、全国文化中心核心承载区定位，以文化塑造东城发展新格局，起草出台了《贯彻落实“崇文争先”理念 进一步加强“文化东城”建设的实施意见（2020年—2025年）》等文件，推进以文化塑形象、增动力、提品质，努力建设国际一流的和谐宜居之都、首善之区。在公共文化服务社会化运营工作中，引入“海归”运营团队，将“艺术社区”理论运用于公共文化服务升级探索、老城区更新改造与社区治理和谐向好的实践中，打造出以朝阳门社区文化生活馆（27院儿）为代表的多个新型公共文化空间，有效拓展了公共文化服务的广阔空间。

二　主要做法

北京市东城区朝阳门街道虽地处北京核心区域，拥有东四南历史文化精华区，但整体上仍然是一个以居民生活为主要形态的老旧城区。如何在有限的资源和资金范围内，通过挖掘可利用的空间资源，实现现有公共服务设施的升级，提升公共服务水平和生活便利程度，是朝阳门街道一直不断实践的课题。

2016年7月，朝阳门街道在多次考察与反复论证后，首次提出“第三方委托运营”模式，委托北京ONE团队（北京一吨象文化产业发展有限责任公司）作为主体运营方为27院儿提供运营服务，真正意义上开始了对“公共文化服务社会力量介入并发挥动能”这一课题的实验阶段。

（一）将公共文化服务与文化产业结合

27院儿现有社区居民消费者年龄偏大，他们更愿意选择具有免费性和让利性的基本公共文化服务；服务受众普遍年轻化，相比免费性和让利性，他们更在意文化产品的品质和稀缺性，这就要求27院儿提供的产品和服务内容对他们具有强吸引力。经过一系列策划筹备，27院儿推出了一部分需要付费但是能够满足年轻人精准需求的文化内容，每周开展至少4场公共主题活动，涵盖戏剧、美术、亲子教育、舞蹈、建筑、艺术展览、文学、沙龙、工作坊、生活美学等，其中不乏小众精品活动，吸引文化名人、国际友人前来参与。其中推进老年人与年轻人轻松社交，激活其家园精神的复古主题日活动“北平派对”（见图1），集合了沙龙、展览、工作坊、市集、音乐与舞蹈等多种形式，在活动现场，常常可见身着西装、旗袍的本地居民，与特意赶来的年轻人交流、共舞。

图1　复古主题日活动“北平派对”

（二）将公共文化服务与社会议题结合

连续开展两年的公共艺术项目“当我像你一样”，由27院儿联合内务社区居委会共同发起，项目中15位当地的老年人与15位公开招募的年轻人进行配对，通过“约会”的形式走进彼此的生活，“破冰”交流，再通过一系列极具体验感的趣味互动，使社会议题回归每个人的切身真实体验，引导年轻人更多地关注老年人群体的话语权与生活状态，并展开思考。参与了2018年“当我像你一样1.0”的独立影像创作者凉度，当时配对了太平鼓传人李老师，凉度不止一次说道：“感谢你们，让我从此在世上多了一个亲人！”2019年“当我像你一样2.0”的参与者中有2名来自北京工业大学的留学生——阿富汗小伙儿扎满和科摩罗男孩布汉尼。2021年，在中国共产党建党100周年之际，开展“当我像你一样——建党100周年特别版”项目，来自社区物业公司、朝阳门街道办事处、中央民族大学等不同单位、不同党支部的10名青年党员，以及来自内务社区的10名老党员，在一次“命运大配对”后组成了10对搭档，结合中国共产党的百年党史、红色记忆以及当下社会公共议题，展开相关探访并交流讨论。

（三）将公共文化服务与日常消费结合

随着27院儿到访人数的增长，无论是活动合作方还是参与活动的民众都提出了更加多样化的需求，一些基本服务如茶饮和简餐等成为必要项目。27院儿尝试将文化传播与咖啡茶饮等便民项目结合，邀请便民服务机构和个人共创一个分时文化主题休闲交流空间，目前“8小时掌柜”计划正在初期试运营中。

（四）延伸出的便民服务和文化活动成果转化

27院儿所处的社区有近70%的老龄人口，运营团队发现部分老年人不习惯参与社区公共文化活动，有些老年人甚至没有意识到公共文化空间是为大众服务的，自己也可以行使文化权利，对比较新颖的文化项目总是有距离感。针对这种情况，27院儿尝试了以下几种方法。一是在公共文化空间内融合一些便民服务，回应日常刚需，对老年人来说会更有吸引力和参与价值。入驻27院儿的“老好使”项目，其中的“shop”部分以专为老年人设计的便民商店的形式呈现，出乎意料的是其不但很受老年人的欢迎，也受到那些喜欢复古商品和对老年人文化感兴趣的年轻人的追捧。二是运营团队还尝试将自组织的文化活动成果转化为文化产品，为参与的社区居民提供创新收益的可能性。这些收益可以返回到公益类文化活动的支持经费中，一方面让老年人看到他们参与活动创造的价值，另一方面提高了运营的可持续性。目前缝纫编织小组的“我们都是设计师儿”项目初见成效，老年人与设计师合作创作了布艺书套、钩编杯垫等产品，并有望在“老好使”的“shop”进行销售，借助文化和旅游的融合将公共文化服务的外延扩大，通过文化属性帮助其他社会服务增值和提高品质。

2016 年 9 月至今，27 院儿培育出 400 多个文化项目，开展各类文化活动 3100 余场，服务人群超过 11 万人次。不少年轻人重新回归社区文化活动，参与人数占比超过 55%；当地居民参与度逐年增长，目前已占参与人数的 62%，满意度超过 95%。为在地社区建立品牌型文化活动超过 30 个，同时还孵化了文化品牌矩阵，与在地社区形成互相扶持的共建状态。目前深度合作品牌 50 个、原创品牌 6 个，促进梳理在地文脉，探索发展空间。目前 27 院儿已完成改造升级，涵盖戏剧、舞蹈、音乐现场、艺术展览、文学、沙龙、工作坊等 10 种艺术化独立空间，是集艺术、文化、体育、生活于一体的社区公共空间。

三　发展设想

充分认识公共文化在推动街区更新中的重要性。依托街区更新的诉求，打造一个世界性的“文化名片”。27 院儿从运营初始，便与朝阳门街道共同商议，确定将每年的北京国际设计周作为街区的“文化名片”，朝阳门分会场再以“为人民设计”为主题逐年升级，这为朝阳门街道带来了大量的关注与发展机会，到 2021 年 9 月，朝阳门分会场“为人民设计”已经达到 7.0 版本。

以一个空间为支点带来街区改变。运营一个物理空间作为“文化磁石”，吸引更多的文化内容与受众，让短期文化项目有机会转变为社区长期项目。这里说的“文化磁石”所产生的效应与空间的文化内涵画上了等号。

作为一处古香古色的老北京传统院落，27 院儿本身就是一个“文化磁石”。

建立人与人的情感链接。要持续吸引更多关注，使更多力量投入属地社区的共建、共创、共享，一方面，需回归到人的维度，建立参与者之间的情感链接，帮助大家更好地了解社区，融入社区。另一方面，要不断完善平台功能，针对不同类型的资源尝试不同的合作方式，寻找与在地或街区的共同话题。

27 院儿作为空间活化的典型范例，与朝阳门街道社区服务中心、史家胡同博物馆、史家胡同文创社、礼士传习馆、朝西工坊等开展街道自营、合作共建或第三方运营的文化空间合作，形成了独具朝阳门特色的“文化联合体”网络。朝阳门地区更是教育资源汇聚之地，有史家小学、灯市口小学和北京二中。街区内各种公益、商业性质的空间星罗棋布，诸多服务社区、面向社会的活力空间与空间活化项目，有力带动和引导着朝阳门地区的街区更新工作。

四 经验启示

27 院儿——朝阳门社区文化生活馆，以一个空间为支点，撬动了整个区域的邻里关系恢复、社会和谐稳定、街区更新推进和社区可持续发展。

第一，活化利用老社区空间，提升空间场地服务效能。27 院儿通过腾退整理老旧空间、升级现有公共服务设施、引入“海归”团队，创意性打造社区文化生活馆，社会组织与社区居民联手打造品牌化项目，使老社区焕发了生机与活力。创意性活动助推年轻人回归社区文化生活。据统计，27 院儿年轻人参与活动占比超过 55%，当地居民参与度逐年增长，满意度超过 95%。

第二，艺术融入社区发展，探索社区治理新路径。27 院儿运营团队将艺术理念融入社会环境改造、活动开展，提升了服务的品质，适应了都市居民的需求，激发了居民的参与热情，促进了社区治理。“杨阿姨的咖啡”“老好使”等品牌活动，一方面，将社区居民从公共文化的享受者转化为参与者，引导居民自我创造、自我表现、自我服务，促进新老文化融合、新老居民共生；另一方面，品牌活动提升了居民的社区认同感、培养了共同意识，形成了独特的社区文化，艺术融入社区展现了社区治理的新景象。

第三，创新运营模式，全要素推动社会化发展。27 院儿的“三三制”运营模式，综合运用了目前我国公共文化服务社会化发展的多种方式。政府购买、政府委托是政府引导和鼓励社会力量参与的主要方式。空间自运营创造收益，实际上是在探索基本公共文化服务和非基本公共文化服务、免费服务和优惠收费服务的实现方式。企业赞助回应了在促进共同富裕背景下三次分配怎样流向基层社区、流向基层公共文化服务的问题。创意活动输出体现了运营团队的产品和服务创造能力，这种“造血”能力对社会化承接主体做大做强自身、实现可持续发展具有引领示范价值。

新技术应用助推公共服务创新发展

——上海建设以文化和旅游二维码技术为支撑的公共服务体系

上海市文化和旅游局

摘　要： 上海市依据《文化和旅游二维码信息编码和交换规范》建设的以文化和旅游二维码技术为支撑的公共服务体系，围绕“随申码·文旅”公共服务平台，贯穿文化和旅游二维码申请、编码、展码、核验，文化和旅游数据汇聚、处理、分发，文化和旅游场所场馆码申请、核验等多个环节，打通景区、文化场馆和酒店等场所，实现文化和旅游用户、文化和旅游场所、第三方预约预订及票务平台间信息流的闭环，为文化和旅游用户提供安全便捷的旅游体验，为文化和旅游场所进行文旅态势感知和资源优化配置提供实时数据服务，为各级行业管理部门履行监管职能提供全景数据支撑。

关键词： 公共服务平台　二维码技术　数据服务

一　背景

2020 年 8 月，习近平在合肥主持召开扎实推进长三角一体化发展座谈会并发表重要讲话，提出“要探索以社会保障卡为载体建立居民服务‘一卡通’，在交通出行、旅游观光、文化体验等方面率先实现‘同城待遇’”。国家发展改革委发文，要求解决老年人使用智能设备困难问题，文化和旅游场所要支持身份证和社保卡直接刷卡入场。

文化行业和旅游业普遍存在以下难点、痛点问题：一是文化和旅游场所难以获取文化和旅游用户数据，无法形成对场所优化良性循环的数据支撑；二是文化和旅游场所业务数据通过人工上报，难以确保真实性，造成管理部门监管困难；三是文化和旅游用户需重复出示购票二维码、优惠票券证明等，旅游步骤烦琐，体验感差。

为响应习近平在扎实推进长三角一体化发展座谈会上的重要讲话精神，解决上述难点、痛点问题，2021 年 6 月，由文化和旅游部信息中心与资源开发司牵头，上海市文化和旅游局、甘肃省文化和旅游厅、上海八婺信息技术有限公司等多家单位共同制定了行业二维码标准——《文化和旅游二维码信息编码和交换规范》。

二 主要做法

依据《文化和旅游二维码信息编码和交换规范》，构建以文化和旅游二维码技术为支撑的公共服务体系，其平台构成及典型应用场景如下。

（一）体系描述

以文化和旅游二维码技术为支撑的公共服务体系由“随申码·文旅”公共服务平台、文化和旅游（简称“文旅”）预约预订及展码平台、文化和旅游场所管理与赋能平台、文化和旅游场所服务平台组成（见图 1）。

文化和旅游二维码依据《文化和旅游二维码信息编码和交换规范》，采取省级平台集中发码和国密数字签名的方式，可用于标识景区、文化场馆和酒店等文化和旅游场所的订单及订单特征属性，支持线上预约、集中展码、跨区核验、无感支付、一码入场、一码消费、自助开票等便捷应用。文化和旅游二维码数据结构包含标识码、长度指示、文化和旅游场所所在地区、异地文化和旅游二维码验签证书、文化和旅游二维码源数据串、持证状态、使用状态、文化和旅游二维码数据数字签名、可扩展复合码类型、复合码长度、复合码等字段。

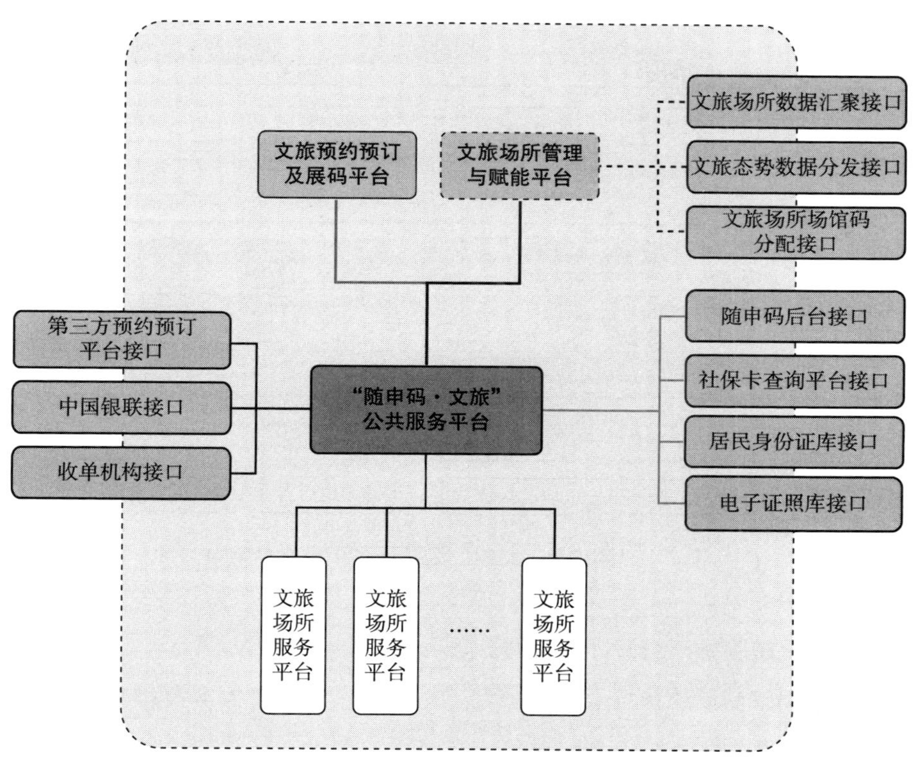

图1　以文化和旅游二维码技术为支撑的公共服务体系

1．"随申码·文旅"公共服务平台

"随申码·文旅"公共服务平台充分运用上海市"一网通办"电子证照赋能功能，以文化和旅游二维码为核心，打通随申码、身份证、社保卡的实名身份认证核验，为文化和旅游场所提供统一的标准服务对接开放接口；自动对接中国银联、收单机构、随申码后台、社保卡查询平台、居民身份证库、电子证照库，为文化和旅游二维码申请平台以及文化和旅游场所提供文化和旅游二维码发码、社保卡支付管理、用户信息核验、文化和旅游CA证书管理、文化和旅游大数据存储与处理、文化和旅游信息交换实时支撑等功能，为文化和旅游行业管理部门、文化和旅游行业投资方以及公共安全部门提供文化和旅游态势数据（见图2）。

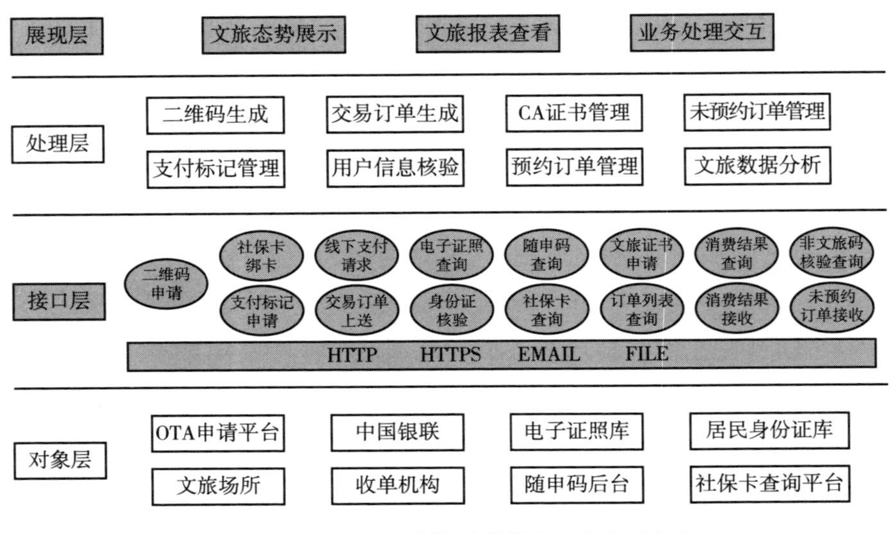

图 2 “随申码 · 文旅”公共服务平台技术架构

2. 文化和旅游预约预订及展码平台

文化和旅游预约预订及展码平台支持实名认证用户为本人和亲友进行景区、文化场馆和酒店线上预约预订，可将用户在不同预约预订平台申请的文化和旅游二维码进行集中展示和使用。

文化和旅游预约预订及展码平台包含文化和旅游预约预订系统以及文化和旅游二维码展码系统两个系统。文化和旅游预约预订系统是上海市文化和旅游场所预约预订总入口，支持实名认证用户为本人和亲友进行文化和旅游场所线上预约预订，并提供社保卡、银行账号绑定功能以支持线下无感支付。文化和旅游二维码展码系统是文化和旅游二维码的展码总入口，可集中展示用户在不同预约预订平台申请的文化和旅游二维码，打通了景区、文化场馆和酒店等文化和旅游场所。

3. 文化和旅游场所管理与赋能平台

文化和旅游场所管理与赋能平台可汇聚、处理、展示文化和旅游场所及用户脱敏信息，生成上海市文化和旅游行业管理态势数据并分发到各区城市运行管理中心，并对文化和旅游场所服务场景中的关键环节进行数字化指标采集和评估，为文化和旅游行业管理部门实现精准监测和服务，以及数字文化和旅游场所量化考核和评估提供数据支撑。同时，向文化和旅游场所发放场馆码，以支持移动终端进行文化和旅游场所信息核验和人证核验。

4. 文化和旅游场所服务平台

文化和旅游场所服务平台贯穿文化和旅游二维码订单信息获取、入场凭证核验、消费结果分析与上传、业务统计报表生成、文化和旅游场所态势展示等各个应用环节，自动关联用户的身份证、随申码、社保卡等身份证件和健康信息。已支付或免支付用户可通过文化和旅游二维码、身份证、随申码、社保卡等任一凭证入场；未支付用户可通过社保卡自带的银联卡支付功能，现场扫描文化和旅游二维码实现无感支付，快速入场。同时，该平台可汇聚、分析文化和旅游场所订单消费信息，自动生成业务统计报表，实时展示文化和旅游态势，为文化和旅游场所进行文化和旅游态势监控，以及为资源优化配置提供实时数据服务。

（二）典型应用场景

以文化和旅游二维码技术为支撑的公共服务体系包含数字景区和文化场馆赋能、数字酒店赋能、乡村旅游赋能三种典型应用场景。

1. 数字景区和文化场馆赋能场景

数字景区和文化场馆赋能场景包含线上预约预订、线下快捷进入、场内二次消费、全程数字赋能四个环节。在线上预约预订环节，用户通过文化和旅游预约预订及展码平台为本人和亲友进行文化和旅游场所线上预约预订，并可绑定社保卡、银行账号以实现无感支付。在线下快捷进入环节，用户可使用文化和旅游二维码、身份证、社保卡、随申码等多种方式在文化和旅游场所闸机、手持终端、手机 App 或微信小程序上进行快速核验和入场。在场内二次消费环节，用户可使用开通了无感支付功能的文化和旅游二维码在景区或场馆内进行购物、就餐、租赁等二次消费。在全程数字赋能环节，文化和旅游场所服务平台以及“随申码 · 文旅”公共服务平台可生成业务统计报表、文化和旅游态势图，动态展示订单、文化和旅游用户、预约预订平台以及文化和旅游场所态势信息。

2. 数字酒店赋能场景

数字酒店赋能场景包含线上预订、自助选房、快捷入住、智能服务、快速离店五个环节。在线上预订环节，用户通过线上平台选择酒店，实名登记姓名、身份证号、联系方式，填写入住、离店日期，完成在线支付。在自助选房环节，用户通过线上平台“自助选房”服务浏览可选房间情况，依据自身喜好选定入住房间，并向文化和旅游二维码公共服务系统提交申请消息，生成文化和旅游二维码。在快捷入住环节，用户使用经公安部门认证的在线核验平台扫描数字酒店场馆码进行人证核验，并将文化和旅游二维码作为电子房卡，采取扫码或 NFC 方式自助乘梯和入住。在智能服务环节，用户可凭借文化和旅游二维码在酒店关联的餐厅、超市和健身场所享受免费或收费服务。在快速离店环节，用户通过手机在客房服务系统申请退房或电话告知准备退房。酒店查房后通过客房服务系统反馈确认信息，用户按需在前台或自助机终端取回电子发票二维码或提前打印好的纸质发票并离店。

3. 乡村旅游赋能场景

乡村旅游赋能场景包含乡村旅游体验、乡村特色产品全程可溯源交易以及基于乡村文化和旅游场馆码的智慧旅游服务三个子场景。

乡村旅游体验子场景主要针对乡村观光、游览、娱乐、休闲、度假等类型的乡村旅游，其目的是为乡村文化和旅游用户提供方便快捷的乡村旅游体验。

乡村特色产品全程可溯源交易子场景主要针对乡村特色产品购买，其目的是确保乡村文化和旅游用户获得安全、可靠、放心的购物体验，包含线上邮寄、线下提货和线下支付三种模式。

基于乡村文化和旅游场馆码的智慧旅游服务子场景使用乡村文化和旅游场馆码，充分运用微信“扫一扫”功能，为乡村文化和旅游用户提供方便快捷的乡村旅游体验。

（三）主要成效

以文化和旅游二维码技术为支撑的公共服务体系为上海市 300 余个景区及文化场馆、8000 多家酒店和 OTA 平台提供数字智能文化和旅游服务，惠及数百万名文化和旅游用户，在全国省级行政单位推广后可为文化和旅游行业管理部门、文化和旅游行业投资方以及公共安全部门提供实时数据支撑。

文化和旅游二维码的实名认证特性，打通了数字景区和文化场馆、数字酒店、乡村旅游等典型应用场景，可自动关联随申码、身份证、社保卡，实现了“一码游”文化和旅游场所。

三 发展设想

数字化和智能化是文化和旅游行业公共服务的发展趋势，以文化和旅游二维码技术为支撑的公共服务体系是文化和旅游行业二维码标准——《文化和旅游二维码信息编码和交换规范》的首个试点应用，可为该标准在全国的推广应用发挥典型示范效应和提供现实数据支撑。后续可将该体系在全国推广应用，由文化和旅游部统一颁发文化和旅游 CA 证书，推动省级公共文化服务和旅游公共服务平台间的数据共享共用，形成以行业标准为依据、以数据为中心、以态势感知为重点，管理部门、文化和旅游场所、文化和旅游相关方共同受益的文化和旅游行业健康发展新格局，提升文化和旅游行业数字化水平和信息交换的规范性与安全性。

四 经验启示

从以文化和旅游二维码技术为支撑的公共服务体系案例中可以看出，解决文化和旅游行业的难点、痛点问题，实现行业数字化、智能化和产业化，需要在技术、管理和应用等方面同时发力。

第一，成熟的行业技术标准是文化和旅游行业数字化、智能化和产业化的基础。《文化和旅游二维码信息编码和交换规范》提出的文化和旅游二维码，充分利用二维码信息容量大的特点，将文化和旅游预约预订信息、支付标记信息和数字签名信息融入二维码，为中央和地方各级文化和旅游行业主管部门、文化和旅游场所以及第三方预约预订平台信息化协同发展提供了基础支撑，为文化和旅游行业信息系统开发和信息交换提供了技术参考。

第二，文化和旅游行业管理部门需要做公共文化服务和旅游公共服务体系的“掌舵者”。文化和旅游行业管理部门可以站在行业发展的前沿，以更高的视角做出科学的决策，建设文化和旅游二维码公共服务平台、文化和旅游预约预订及展码平台等公共文化服务和旅游公共服务体系的核心平台，将旅游景区、文化场馆和酒店等文化和旅游场所，携程、美团等第三方预约预订平台，中国银联、微信、支付宝等利益相关方紧密连接，为文化和旅游用户提供更加安全、便捷、智能的数字化服务体系。

第三，公共文化服务和旅游公共服务体系与典型应用场景密不可分。一方面，公共文化服务和旅游公共服务体系创新发展的动力来源于现有应用场景无法满足文化和旅游用户日益增长的高品质服务需求。另一方面，以大数据、物联网、人工智能、元宇宙为代表的信息技术的发展又会推动公共文化服务和旅游公共服务体系不断朝数字化、智能化和产业化方向发展，并催生出新的文化和旅游应用场景。

志愿服务助力农村未成年人艺术普及

——浙江“乡村美育课堂”志愿服务项目实践

浙江省文化馆

摘　要： 2020年以来，浙江省文化馆沿着“一个都不能少”的工作理念，通过“沃土深耕”基层联络服务机制，开展了“圆梦青苗·以艺育美”浙江省“乡村美育课堂”志愿服务项目，使农村未成年人更好地参与文化活动，以群文力量提高公共文化服务的标准化、均等化、精细化、科学化，为推动公共文化服务高质量发展进行了积极探索。

关键词： 志愿服务　农村未成年人　乡村美育课堂　艺术普及

一　背景

习近平对弘扬雷锋精神、发展志愿服务事业做出一系列重要指示，对志愿服务工作给予充分肯定、寄予深厚期望。党的十八大以来，广大志愿者、志愿服务组织、志愿服务工作者积极响应党和人民号召，走进社区、走进乡村、走进基层，为他人送温暖、为社会做贡献，充分彰显了理想信念、爱心善意、责任担当。

2017年，浙江省文化馆对全省青少年美育现状进行了充分调研。调研发现，家长对孩子的美育培养方面有强烈需求，但由政府部门主导、面向社会的全省公益性青少年美育交流平台屈指可数，一些社会机构举办的所谓未成年人才艺活动，以营利为目的乱设名目、借机收费，质量参差不齐，非但没有给未成年人营造良好的艺术学习交流氛围，反而打击了部分家庭参与文化艺术活动的积极性。

近年来，党中央高度重视美育工作，强调“以美育人、以文化人”，提出“推广美育不仅是学校的责任，更是家庭和社会的义务”。随着全民艺术普及工作的深入开展，如何更好地加强对未成年人艺术普及的指导，统筹推进城乡美育发展成为重要议题。

2018 年和 2019 年，浙江省文化馆曾以音乐艺术门类为突破点，连续 2 年举办“追梦之声”浙江省青少年声乐大赛。赛事定位为公益型、学习型、服务型比赛，省市县联动开展，取得了良好的社会效益。通过大赛，浙江省文化馆进一步了解到参加赛事的基本都是城市未成年人，来自农村的未成年人少之又少。农村未成年人在接受艺术教育方面，无论是在资源、关注度，还是参与程度上，都与城市未成年人有一定差距。免费学习的场所不多，参加艺术活动的机会更少。从某种程度上来说，对农村未成年人开展艺术普及是浙江省文化馆工作的盲区。基于此，“圆梦青苗 · 以艺育美”浙江省“乡村美育课堂”应运而生。2020 年以来，累计为全省 30000 人次未成年人开设了近 300 个美育课堂，组织了 1000 余场艺术普及活动（见图 1）。该项目于 2020 年、2021 年连续 2 年入选浙江省精神文明建设委员会办公室“浙江省未成年人思想道德建设十件实事”。

图 1　2021 年衢州市江山市峡口镇枫石村音乐课堂

二 主要做法

开展“乡村美育课堂”这项文化惠民活动，要发挥好群众文化工作的职能，把文化的“种子”播撒到人民当中，让广大基层群众满意。带着这样的目标，2020 年浙江省各级文化馆的声乐干部探索新的工作模式，克服了种种困难，进行了一次又一次的破题。

（一）探索一：如何服务农村未成年人

这是摆在公共文化从业者面前的新问题。在浙江省文化馆的号召下，全省各级文化馆主动联系了各地的乡镇文化站和农村文化礼堂，在原本省、市、区（县）三级文化阵地的基础上进行了组织架构的延展。由浙江省文化馆组织杭州、宁波、温州等地的 11 个市级文化馆，各市组织本地区的区（市、县）文化馆，再由区（市、县）文化馆对应本辖区的一个文化站和一个文化礼堂。比如，温州地区有鹿城区、平阳县、泰顺县等地的文化馆，这些文化馆各自联系了当地的仰义街道、昆阳镇、罗阳镇等地的文化站和仰新社区、雅山村、贝谷村等地的文化礼堂，为未成年人开设美育课堂（见图 2）。

像这样一一对应、联动开设课堂的场所，目前浙江省范围内已有 300 余个。这也是该项目运用浙江省文化馆基层联络服务机制五级文化阵地联动的方式来开展活动的一次尝试，让服务抵达农村未成年人。

（二）探索二：如何组织文化志愿者

公共文化服务组织框架搭建之后，各个课堂分布在全省各个角落，具体工作由谁去干？2020 年在线下课堂中，全省各级文化馆选派的 100 名声乐干部均是志愿者老师，各馆对应的 100 名文化站的工作人员也都是志愿者。安吉天荒坪镇的王文吉是当地文化员，在此次“乡村美育课堂”开设中主动担负起了当地小学员的组织工作，还与安吉天荒坪小学取得了联系，让服

图 2　2020 年温州市泰顺县罗阳镇贝谷村文化礼堂课堂

务受众面得到了很大拓展。像王文吉这样在基层一线工作的文化站、文化礼堂志愿者有 100 多人。

线上课堂中，2018 年和 2019 年两届“追梦之声”浙江省青少年声乐大赛决赛的获奖选手和辅导老师以录制网络课程的方式参与了此项活动。据统计，两年来，线下课堂和线上课堂总共有 1000 多名志愿者参与，项目充分整合社会美育力量，倡导志愿服务新风。

（三）探索三：如何保障每个课堂的教学

经过多方努力，浙江省“乡村美育课堂”从无到有，但是各地乡村经济发展不均衡，文化礼堂设施也参差不齐，如何开展教学工作？

2020 年“乡村美育课堂”开设的是音乐课程，上音乐课需要一些基础设备。为了能在文化礼堂把音乐课开设起来，志愿者自筹教学物资，有些老师背着电子琴进了文化礼堂。偏远地区交通不便，他们就自驾前往。

衢州市衢江区浮石街道窑里村文化礼堂设施相对简陋，正在修缮，家长担心在高温下户外上课容易中暑，于是村民就给孩子和老师在室外拉起一块遮阳布，在大树下上课。虽然条件很艰苦，只有几张长条凳子，但是老师教得很认真，孩子们学得也非常投入，Do、Re、Mi……四分音符、八分音符、四三拍，课堂里的孩子走进了音乐的世界。

（四）探索四：如何充实“乡村美育课堂”的内容

课堂开起来后，最重要的还是课程内容能给农村未成年人带去什么，课堂能够传递、播种怎样的文化。为了更好地发挥“以艺育美”的作用，项目组在教学上做了有针对性的安排。第一，教唱一些正能量、适龄的歌曲；第二，加强基础视唱的练习；第三，适当开设音乐欣赏课，丰富农村孩子对音乐的认知。

在绍兴市马山镇尚巷村的课堂中，志愿者老师教唱歌曲《听我说谢谢你》。40多个孩子一边唱着歌曲，一边把双手交叠起来在胸前比起爱心的形状。教室里前几排坐着的是孩子，后面坐着好多家长，他们也跟孩子们一起学习。

“乡村美育课堂”不仅要教未成年人艺术，更重要的是依托艺术力量启迪未成年人思想，振兴乡村文化建设。

（五）探索五：如何拓展“乡村美育课堂”辐射面

为了让更多的未成年人从中获益，需要拓展“乡村美育课堂”的辐射面。2020年浙江省文化馆数字信息服务中心将课堂教学进行了数字化，开设了线上专区，里面有项目内容简介、线下课堂资讯、线上课堂专区、推广结果公示、线下课堂实况5个部分，既有志愿者老师录制的80多节网络课程，也有线下100个课堂的实况片段，可以让更多的孩子线上学习。课堂上线后还开展了“我为志愿者点赞”的推广活动，访问量达107万次。整个项目进行了数字化升级，不仅服务了农村未成年人，也服务了城市未成年人，用数字赋能提升了项目实效。

（六）探索六：如何提升“乡村美育课堂”质量

通过2020年的摸索实践和受众反馈，2021年项目组切实着眼于农村家长和未成年人的需求，从满足人民群众对美好生活的向往出发，对这项文化惠民活动进行了优化升级，成立了浙江省文化馆系统“乡村美育课堂”志愿服务队，还对授课的志愿者老师进行了集中培训，以提高美育师资队伍对未成年人的授课专业水平。除此之外，参加项目的志愿者也增加到 700 余人，从单一的音乐课程扩充为音乐、舞蹈、美术 3 个门类的美育课程。在线上课堂中，结合党史学习教育活动，项目组联合南湖革命纪念馆、嘉兴电视台制作了“红船上的女卫士——王会悟”红色艺术党课，传播红色文化、赓续红色血脉，让红色基因代代相传。

两年来，该项目得到了官方媒体的高度关注，2020 年 9 月，《浙江日报》以《我省百名志愿者走进乡村，为未成年人开设美育课堂——让跳动的音符伴随成长路》为题，整版报道 2020 年“圆梦青苗·以艺育美”浙江省百名文艺志愿者面向农村未成年人开设“乡村美育课堂”项目，对在衢州市开化县中村乡张村、湖州市安吉县天荒坪镇银坑村、宁波市海曙区洞桥镇前王村等全省多地文化礼堂进行的“乡村美育课堂”进行介绍，肯定了“乡村美育课堂”的实际效果。2021 年 10 月，《中国文化报》以《浙江“乡村美育课堂”助力共同富裕》为题介绍了这一项目的探索实践。相关经验还得到《人民日报》、新华社等媒体的报道。

三　发展设想

当前基层公共文化服务面临新的发展形势带来的巨大挑战，随着基层治理格局的变化，新形势下的基层公共文化服务工作理念正在由“文化管理”向“文化治理”转变，应通过主动应变、系统创新、功能再造、价值重塑来提高文化治理水平，融入国家对基层治理体系的总体规划，坚持以基层为重点、以人民为中心。

“乡村美育课堂”志愿服务项目是基层公共文化服务实践的一次有益尝试。众所周知，面向青少年的培育并不是一蹴而就的，需要时间的积累。为了更好地检验美育工作的开展情况、体现教学成果，该项目组完善美育体系，常态化推进全省青少年美育培养。一是规范选拔体系。依托赛事活动为广大青少年搭建学习交流平台，分专业进行选拔，开辟针对农村青少年的参与通道，汇集一批青少年艺术人才。二是完善服务体系。该项目计划实施“乡村青苗计划”，包含美育课堂志愿者招募与服务活动，并在往年评选的“十佳美育课堂”基础上组建“乡村美育课堂艺术团”，常年开展志愿服务工作。三是推出成果展示。该项目将提供展演展示的平台，举办汇报演出及展览，展现工作成效，体现美育培养的“核心力”。

2021 年 11 月，文化和旅游部、浙江省政府联合印发《关于高质量打造新时代文化高地推进共同富裕示范区建设行动方案（2021—2025 年）》，就支持浙江高质量发展、打造新时代文化高地、建设共同富裕示范区做出部署。促进公共文化服务均等化，推进精神文化层面的共同富裕，浙江省计划把全面推进农村未成年人美育放在实施乡村振兴战略、建设文化强省的重要位置来抓，不断总结经验，坚持因地制宜、精准施策，坚持“群众要什么，我们干什么”，高水平推进农村未成年人美育工作，为全面深化全民艺术普及工作做出新的更大贡献。

四　经验启示

浙江省“乡村美育课堂”志愿服务项目连续两年入选“浙江省未成年人思想道德建设十件实事”。该项目为志愿服务助力农村未成年人艺术普及提供了有益借鉴。

一是关注乡村少年儿童艺术教育，开展精准化的乡村美育实践，促进公共文化服务均等化，在推进精神文化层面的共同富裕中体现文化馆人的人文情怀。

二是体系化推进，充分发挥省级文化馆组织优势，引领各地文化馆参与项目实践，发挥文化馆的专业特长，整合文化志愿服务力量，扎实推进“乡村美育课堂”的实施。

三是线上线下有机结合，既有文化馆专家、文化志愿者现场互动的艺术教学，又能发挥数字化的传播优势，丰富“乡村美育课堂”的数字资源与服务形式，该项目具有示范意义和推广价值。

优化评价机制　创新志愿服务形式

——四川成都“公共文化服务体验师”推动公共文化服务创新发展

四川艺术职业学院

摘　要： 为进一步提高成都市公共文化服务效能，2019年成都市文化馆启动“公共文化服务体验师”项目，面向全社会公开招募志愿者，以志愿者亲身体验服务项目后撰写的体验报告为重要参考，不断优化服务内容、丰富服务形式、完善服务流程，助力成都市公共文化服务实现“以需定供”和效能最大化。

关键词： 公共文化服务体验师　志愿服务　可持续发展

一　背景

随着社会经济的不断发展，当今中国文化事业繁荣兴旺、文化产业蓬勃向好，人民群众对高品质文化生活的需求不断增加。2018年以来，成都市文化馆深入贯彻落实党的十八大、十九大精神和习近平相关重要讲话要求，大力创新服务手段，积极转变服务方式，努力扩大服务范围，不断提升服务水平，在继续开展传统品牌项目的基础上，又陆续打造出多个市级公共文化服务创新品牌项目，直接受益群众达493万人次。

在大量推出公共文化服务项目的同时，如何获得真实有效的项目“评判打分”？如何确保将公共文化服务资金用在优质项目的“刀刃”上？如何用群众的文化需求倒逼公共文化服务效能提升？如何进一步提高“政府端菜”和“群众点菜”的契合度？面对以上问题，结合《公共文化服务保障法》“建立反映公众文化需求的征询反馈制度和有公众参与的公共文化服务考核评价制度”的相关要求，2019 年成都市文化馆突破以往通过问卷调查收集群众意见的传统方法，创新打造了“公共文化服务体验师”项目（见图 1），通过公开招募志愿者、收集体验报告的方式提高群众意见收集工作的针对性、有效性，推动成都市公共文化服务实现“以需定供”和效能最大化。实践证明，“公共文化服务体验师”的探索卓有成效，具有重要应用价值和推广意义。

图 1　成都市公共文化服务体验师工作现场

二　主要做法

公共文化服务作为一种放在“公共文化超市”中供群众“自主点单”的文化产品，想要不断提升服务品质和服务效能，既需要在产品打造上拓宽思路、推陈出新，也需要根据群众的反馈意见进行产品的后续完善。为此，成都市文化馆创新推出“公共文化服务体验师”项目，在提升成都市公共文化服务的供需匹配度方面取得显著成效。

（一）主要做法

成都市文化馆将“公共文化服务体验师”定义为：具有一定公共文化服务体验能力，利用闲暇时间，不以物质报酬为目的，通过积极参与公共文化服务项目体验活动，有效反馈意见建议，为提升公共文化服务效能、保障人民群众基本文化权益而做出贡献的人。其是成都市的“专家型”文化志愿者。

1. 公开招募，明确权利义务

广大群众可以通过成都“文化天府”App、“成都市文化志愿者协会”及“成都市文化馆”微信公众号进行网络报名，也可前往成都市文化馆进行现场报名，在符合招募要求的前提下，经文化馆择优录取、集体培训后上岗。被正式录取的公共文化服务体验师需履行以下义务：（1）自觉维护“公共文化服务体验师”的形象与声誉；（2）遵循《成都市文化馆文化志愿服务管理办法》，按照文旅志愿者的基本要求来约束自己；（3）履行“公共文化服务体验师”服务承诺，完成相关组织单位安排的体验任务；（4）尊重体验项目的创意、执行方式，避免泄露项目隐私信息，不得向项目策划组织单位或个人收取或者变相收取报酬；（5）因故不能参加或完成预先约定的体验活动时，应履行向组织方提前告知的义务；（6）相关法律、法规及规章制度规定履行的其他义务。通过对项目的体验调研，公共文化服务体验师需提出意见建议，撰写体验报告，帮助项目策划组织单位发现问题、改善细节、优化服务。

同时，公共文化服务体验师可在成都市享有以下“特权”。（1）拥有由成都市文化馆主办的所有公共文化服务项目优先参与权（含全民艺术普及培训课程、“走近艺术”讲座、市级专业大型演出、市级文化志愿服务等相关活动）。（2）按照《成都市文化馆文化志愿服务管理办法》制定的相关标准，获得文化志愿服务补贴。（3）撰写的体验报告一经采用，享受相应稿费补贴。

（4）享受成都市部分文博单位门票减免优惠（含成都武侯祠博物馆、成都杜甫草堂博物馆、成都金沙遗址博物馆等）。（5）获颁“成都市公共文化服务体验师证”。

2. 提出明确要求，形成高素质队伍

为真正做好群众意见收集工作，成都市文化馆在公共文化服务体验师招募、遴选、培训等环节提出相应要求和标准，形成了一支素质高、能力强的公共文化服务体验师队伍。

一是专业化程度较高。公共文化服务体验师的报名者应具备一定的观察分析能力、报告撰写能力，熟悉行业现状等。报名者经初选入围后，再通过专业培训和现场考核，最终正式收编成都市“公共文化服务体验师库”。项目开展以来，公共文化服务体验师已累计提供上百篇体验报告，为进一步提升成都市公共文化服务水平提供了非常多的有益建议。

二是精准化程度更深。以“按需体验”为原则，根据公共文化服务体验师自身意愿和各自特长，分批分配体验任务。体验师们均能做到主动深入了解成都市公共文化服务现状，熟悉体验项目资料，抓住项目特色，观察实施细节，采访受益群众，融入个人见解，经深度思考后撰写有针对性的体验报告，使成都市公共文化服务项目在服务模式、服务内容和服务质量等多方面获得改善提升。

三是行业覆盖面广。公共文化服务体验师项目吸引了社会各界群众的广泛参与，包括高校教授、文化杂志主编、社会公益组织负责人、媒体文化板块撰稿人、企业负责人、在校大学生、工程总监理、卫健宣传工作者等。作为公共文化服务的享受者和推介者，公共文化服务体验师代表不同群体提出文化需求，有效地架起了群众与政府相关部门的沟通桥梁，同时对全市公共文化志愿服务有效、精准、共享发展，吸引更多群众参与起到了积极推动作用。

四是呈现年轻化趋势。与以往公共文化活动参与者“老龄化”特点不同，成都市公共文化服务体验师主要由“70后”、“80后”和“90后”构成，大多为各行业的中坚骨干，对公共文化服务活动有一定的了解，对文化服务工作怀有热情。公共文化服务体验师队伍的建立，有效壮大了成都市公共文化服务的人才力量，激发了成都市公共文化服务发展创新活力。

（二）主要成效

通过采纳公共文化服务体验师的反馈意见，成都市以往意识陈旧、感召力不强、供需不匹配的公共文化服务项目得到不同程度的改进，服务供给效能显著增强。

一是从“被动”到“主动”，角色顺利互换。公共文化服务体验师来源于群众，代表群众心声，既是公共文化服务的使用者和消费者，也是生产者和传播者。公共文化服务体验师有效架起了群众与政府相关部门的沟通桥梁，对成都市公共文化服务实现从“政府端菜”到“群众点菜”、从“供需不均”到“以需定供”起到了关键作用。

二是从“大众”到“大师”，行家脱颖而出。对公共文化服务体验师的专业素养和必备能力提出要求，在招募过程中对报名者的基本履历、写作水平、工作态度等方面进行综合评估、择优遴选，一方面将符合标准的报名者直接编入公共文化服务体验师队伍；另一方面也为能力稍有不足但具备服务热情的报名者提供参与机会，帮助其在实践中提高工作能力，从“体验者”成长为“体验师”。

三是从“专业”到“精准”，不足有效改进。根据每位公共文化服务体验师的专业特长，匹配相应的公共文化服务项目，以确保公共文化服务体验师充分发挥其专业水平，提出精准意见建议，推动体验项目在服务模式、服务内容和服务质量等方面的显著提升。

四是从“建议”到“宣传”，名气不断提升。通过邀请相关媒体对项目体验过程进行全程追踪，就公共文化服务体验师的现场感受和后期撰写的体验报告、项目的后续改进情况等内容进行适时的宣传报道，实现对相关服务项目的持续曝光。实践证明，比起文化馆常用的自我总结、自我表扬类宣传，媒体对公共文化服务体验师工作过程的宣传报道更具吸引力和说服力，更能受到群众的关注和认可。

三　发展设想

凭借积极的创新探索和突出的工作成效，“成都市公共文化服务体验师”项目荣获文化和旅游部“2019‘春雨工程’志愿服务示范项目奖”，截至目前全市已成功招募公共文化服务体验师 4 批共 151 人。

一是延伸拓展项目覆盖范围，加强跨区域交流学习。继续推进成都市第五批公共文化服务体验师招募工作，积极组织成都市文化馆新馆各项公共文化活动的体验反馈工作，并通过文化志愿者协会的服务脉络，推动体验反馈工作向全市文化和旅游项目及各区（市、县）基层公共文化服务项目延展。充分利用成渝地区双城经济圈和成都、德阳、眉山、资阳同城化发展的平台，组织公共文化服务体验师跨区域学习体验，以进一步提高体验反馈工作效果，提升成都市公共文化服务效能。

二是推动公共文化服务体验师深入项目策划环节，实现全程参与体验。为更好地发挥公共文化服务体验师的重要作用，可积极推动公共文化服务体验师进一步介入公共文化服务项目的策划组织环节，并作为“民间智囊团”对相关政府部门的策划组织工作提出意见建议。通过公共文化服务体验师对公共文化服务项目从策划到实施的全程参与体验，在节约项目成本的同时进一步提高成都市公共文化服务水平。

四　经验启示

成都市文化馆“公共文化服务体验师”项目，通过收集群众的真实体验和专业意见实现公共文化服务的“以需定供”、精准服务，在提升公共文化服务品质、推动公共文化服务可持续发展等方面发挥了重要作用，具有借鉴意义。

一是站稳人民立场，持续追求群众满意。项目以提高公共文化服务的供需匹配度和人民群众满意度、不断优化人民群众的公共文化服务体验为目标，是成都市公共文化服务贯彻落实以人民为中心的宗旨原则、强化人民立场的生动体现。实践证明，着眼于人民群众对精神文化生活的实际需要，持续凸显公共文化服务的人民性特点，是实现公共文化服务创新发展的重要动力源泉。

二是吸纳社会力量，以发挥志愿精神推动服务效能提升。公共文化服务体验师的每一次体验都是一次文化志愿服务，与绩效评估公司提供的绩效报告相比更专业、更准确、更生动、更有温度。通过为公共文化服务体验师颁发证书，同时给予公共文化服务体验师一定的优先参与、服务补贴、门票减免等实惠，进一步激发公共文化服务体验师的服务热情，弘扬志愿精神。用招募志愿者的形式为公共文化服务人才队伍赋能，既是公共文化服务工作的重要内容，也是志愿服务工作的重要手段。

加强馆际交流合作　丰富群众文化生活

——青海西宁市文化馆"文化动车"提升服务水平

西宁市文化馆

摘　要： 为进一步提升西宁市公共文化服务水平、巩固西宁市国家公共文化服务示范区创建成果，2015 年西宁市文化馆正式启动"文化动车——丝路情·全国行"全国部分省（区、市）文化馆文化交流展演展示活动，先后与西北五省区文化馆签订"5+1"战略联盟协议，与省内州、市文化馆签订"8+1"框架协议，与全国 49 个文化馆建立了馆际交流合作框架机制。"文化动车——丝路情·全国行"活动将"请进来"与"走出去"相结合，在全国范围内开展多渠道、多层次、多样化的馆际文化交流合作。

关键词： "文化动车"　公共文化服务　馆际交流

一　背景

党的十八大以来，党中央始终高度重视人民群众文化权益保障，多次强调要完善公共文化服务体系，丰富人民群众精神文化生活。2015 年，党的十八届五中全会提出"创新公共文化服务方式，保障人民基本文化权益"，强调"推动物质文明和精神文明协调发展"；2017 年，党的十九大提出"完善公共文化服务体系，深入实施文化惠民工程，丰富群众性文化活动"；2019 年，党的十九届四中全会强调"推动基层文化惠民工程扩大覆盖面、增强实效性"；2020 年，党的十九届五中全会提出"创新实施文化惠民工程，广泛开展群众性文化活动，推动公共文化数字化建设”。作为提供公共文化服务的重要载体，文化馆承担着举办各类展览、讲座、培训，组织开展群众文化活动和流动文化服务，组织并指导群众文艺创作等一系列重要职能，对于丰富人民群众精神文化生活、推动社会精神文明发展具有不可或缺的重要作用。

近年来，西宁市文化馆以“一带一路”建设为契机，深入挖掘河湟文化内涵，精心打造文化品牌项目“文化动车——丝路情·全国行”，通过与全国部分省（区、市）文化馆合作开展文化交流展示展演活动，在满足群众精神生活需求、展示西宁城市活力、带动旅游经济发展等方面发挥了积极作用。截至 2021 年底，往返总行程累计 80578.9 公里，足迹踏遍 23 省（区、市）40 市（区），展演展览 70 余场，参演人员 4100 余人。

二　主要做法

“文化动车——丝路情·全国行”活动遵循“以文塑旅、以旅彰文”的工作原则，通过与其他省（区、市）文化馆的交流合作，以特色文化活动带动旅游经济发展，在丰富人民群众精神文化生活的同时，也对传播西宁特色文化、展示西宁城市活力、推动西宁文化和旅游融合发展发挥了积极作用。

（一）“请进来”“走出去”，推动文化交流

自 2015 年起，西宁市文化馆先后将“文化动车”开往北京、陕西、广西、天津、山东、甘肃、广东、浙江、宁夏、安徽、河南、河北、四川、重庆、湖北、山西、新疆、江苏、贵州、云南、内蒙古、湖南、上海等地进行文化交流专场演出及基层慰问活动，同时邀请友好联盟单位艺术家多次深入西宁市湟源、湟中、大通、黄南等地开展“我为百姓办实事”基层慰问巡演活动，涵盖民歌专场、舞蹈专场、非遗专场、红歌专场以及综艺歌舞晚会等多种形式。

依托“文化动车——丝路情·全国行”活动，西宁市文化馆走出青海、

走向全国，通过文艺展演推介西宁文化、展示河湟风采。如 2017 年，赴江苏南通参加“群星耀江海”全国群众文艺优秀作品南通展演，赴浙江丽水参加全国乡村“斗”春晚展演展示；2018 年，赴安徽颍上参加第十三届管子文化旅游节开幕式暨国家非物质文化遗产项目展演；2019 年，赴河南洛阳参加第 37 届中国洛阳牡丹文化节，赴河北邯郸参加第十四届中原民间艺术节；2018 年至 2020 年，分别赴陕西西安、宝鸡、延安参加陕西省文化馆举办的“丝路欢歌　丝路欢舞”优秀群众文艺作品展演。历次对外展演，西宁市文化馆所准备的节目均以精巧的创意、精湛的表演得到了当地群众的赞誉。

（二）搭建展示平台，共享艺术盛宴

西宁市文化馆充分发挥百姓大舞台、山陕会馆、唐道几何书店文化阵地优势，邀请国际民间艺术家、国家级专业院团、全国部分省（区、市）文化馆民间艺人举办各类展演展览展示活动，让西宁市民近距离享受国际民间艺术家、国家级专业院团带来的艺术盛宴，在高水平的观演体验中提升艺术鉴赏力。

为庆祝中国共产党成立 100 周年，西宁市文化馆联合全国 24 家省（区、市）文化馆联盟单位开展“唱支山歌给党听”百名歌手民歌大会活动。活动以具有浓郁地方特色的民族民间歌曲演唱为主要内容，同时通过互联网媒体平台进行直播，邀请线上观众与现场歌手同庆中国共产党百年华诞。此次民歌大会活动分别在西宁中心广场百姓大舞台、黄南州热贡文化广场及湟源县体育场举办，参演人员 200 余人，累计现场观众 12000 余人、线上观众 5 万余人，是“文化动车——丝路情 · 全国行”历年来规模最大、参与最广、演员最多、行程最远、接待任务最重、创编量最大，同时质量最高、效果最好的一届。

（三）开展线上活动，推动数字化发展

依托“文化动车——丝路情 · 全国行”品牌，充分调动和汇集全国部分省（区、市）文化馆友好联盟单位力量，利用数字文化资源，搭建区

域文化交流互动线上展示平台，以图片、视频的形式全方位、多角度宣传丰富多彩的民族民间艺术，展示全国各地极具特色的美好生活瞬间，实现百姓足不出户享受文化服务、感受艺术魅力。推出民间优秀作品及“抗疫”作品 317 幅，历经 3 个月分 8 期展播；开展 2021 年联盟单位优秀摄影作品线上展活动，联合 12 家文化馆，收集各地优秀作品 100 幅，分 12 期展览，浏览量近万次；开展 2021 年“大河之韵”九省区黄河流域文化艺术（线上）展播活动，汇集了黄河流域丰富多彩的文化艺术形式，如青海花儿、秦腔、陕北民歌、晋剧、漫瀚调、陕北腰鼓、华阴老腔、豫剧、二人台、韩城行鼓等，分 3 期展播；开展 2022 年“5+1”联盟西北五省区乡村文艺“大联动”作品线上展演，精心选出近年来乡村群众自排自导自演的富有地方特色的优秀民间文艺节目，以视频形式在国家公共文化云平台、西宁市公共文化云平台、西北五省区文化馆数字文化云平台等集中展播，邀请各地群众线上看春晚、品乡愁、寻年味、迎新春。

（四）潜心文艺创作，推动河湟文化传承发展

近年来，为深入贯彻落实习近平总书记关于黄河流域生态保护和高质量发展的重要讲话精神，加快推进河湟文化的保护传承与创新发展，西宁市文化馆依托“文化动车——丝路情·全国行”品牌，深入挖掘河湟文化内涵，创作了一批凸显河湟文化特色的文艺作品，如民俗舞蹈《四片瓦》《河湟薪火》《幸福生活扭扭扭》，撒拉族舞蹈《撒曼尔汗》，表演唱《花开六月六》《在那遥远的地方》，笛子与花儿《花儿香》，曲艺表演唱《逛一逛我们新青海》，等等；同时推出一批体现河湟地区自然人文特色的书画摄影作品和手工艺制品，通过展览展示吸引外地游客赴西宁参观游览。

对外宣传方面，西宁市文化馆精选了以黄河为主题、以青海民俗民风为基调的《河湟人家》《清风摇玉树》《黄河》等 20 件书画作品，参加在陕西省西安市高陵区举办的“保护传承弘扬·相约幸福黄河”2020 年黄河流域群众文化联展联演联讲活动，获得群众好评。此外，赴新疆乌鲁木齐展示以西宁自然风光和人文民俗为内容的摄影作品，赴江苏南京展示西宁特色非遗手工艺制品并进

行旅游推介，赴广东中山展示体现西宁风情的农民画作品。西宁市文化馆充分利用西宁市的良好生态本底和深厚文化底蕴，通过文艺创作和交流展示，在丰富群众文化生活的同时推动了河湟文化的传承发展。

三　发展设想

在现有经验基础上，放眼未来、拓展思路，进一步提高“文化动车——丝路情·全国行”服务质量，扩大“文化动车——丝路情·全国行”品牌影响。

一是坚持创新驱动，推进文化和旅游融合。充分利用西宁市文化和旅游资源，以及“文化动车——丝路情·全国行”动静结合、优势互补的特点，打造文化和旅游亮点项目。突破单一专业艺术活动举办的传统框架，融合群众文化、非遗传承等内容，与民众共享文艺发展成果，努力实现文化和旅游融合向更高水平、更高质量发展，切实提升西宁旅游竞争力。

二是找准活动方向，加强业务交流。为进一步增进交流、吸取优秀经验，开展全国部分省（区、市）文化馆馆长大讲堂研讨会活动，提升西宁市文化馆理论水平和业务能力；开展全国部分省（区、市）文化馆业务干部互换交流活动，与黄河流域沿线部分文化馆联合开展技能培训，通过“文化走亲”观摩交流活动，进一步提升西宁市各专业门类业务人员的创作与指导水平。

三是加强艺术创作，凸显地方特色。以保证艺术水准、宣传河湟文化、加强非遗展示、凸显地方特色为要求，调动创作人才积极性，加大创作活动资金投入，开展采风、调研、研讨、培训等活动，对外推介西宁市特色舞蹈、地方曲艺、摄影作品、手工艺制品等优秀文艺作品，积极开展展演展示等交流活动。

四是加强宣传推广，提高品牌声誉。通过电视媒体、纸质媒体、国家公共文化云、微信公众号等多渠道加强宣传推介，做好活动的前期预告、中期宣传、后期总结，全面提高“文化动车——丝路情·全国行”品牌的群众知晓度、参与度，并争取将“文化动车——丝路情·全国行”申请列入全国文化馆重点品牌活动，依托更大平台，开展品质高、思想深、接地气的文化活动。

四　经验启示

西宁市文化馆深入贯彻落实习近平总书记关于文化和旅游融合发展重要讲话精神，贯彻落实市委、市政府关于进一步做好文化和旅游工作的总要求，以“动车”为媒，以文化为魂，在馆际交流合作框架机制下，与各联盟单位合作打造了极具特色、形式多样、内容丰富的群众文化活动，为提升西宁市公共文化服务水平做出了重要贡献。

一是把握重要契机，突出地方特色。西宁市文化馆牢牢抓住国家推进“一带一路”建设的重要发展契机，深入挖掘西宁作为古丝绸之路必经城市的深厚文化底蕴，从加强作品创作、举办展演展览、多渠道宣传推介等方面集中打造河湟文化主题，突出西宁地方特色，在丰富群众文化生活的同时，做到了既有利于地方优秀传统文化的传承发展，也强化了西宁的城市文化形象，为西宁壮大旅游经济提供了助力。

二是加强交流合作，实现优势互补。西宁市文化馆“文化动车”品牌活动，在立足本地文化特色、做好本馆强项工作的同时，积极开拓视野、放眼全国，通过与全国部分省（区、市）文化馆的交流合作，一方面，对外宣传推介西宁文化和旅游，对内引入外省（区、市）特色文艺作品；另一方面，加强工作经验和业务能力的馆际交流学习，全面提升文化馆服务水平。

以联动促融合　开启全民阅读新模式

——“走读广西”推动公共文化服务融合发展

广西壮族自治区文化和旅游厅

摘　要： 推进全民阅读，建设书香社会，是提升公共文化服务水平的重要任务，也是推进文化和旅游融合发展的实践抓手。近年来，广西壮族自治区文化和旅游厅认真贯彻习近平总书记关于文化和旅游融合发展的重要论述精神，按照“宜融则融，能融尽融”的总体思路，打造出“走读广西”公共服务活动品牌，成为全国首个提出并实践“走读”系列活动的地区。“走读广西”以广西各级公共图书馆为依托，整合全区各级公共图书馆馆藏资源和地方旅游资源，结合自驾游、研学游、户外讲座直播、展览等多种形式开展线上线下阅读推广活动，在全国反响良好，是推动公共文化服务和旅游公共服务融合发展的积极探索。

关键词： 全民阅读　公共文化服务　融合发展

一　背景

随着2018年文化和旅游部组建成立，我国公共文化服务与旅游公共服务进入融合发展的新时代。公共图书馆作为提供公共文化服务的主要设施之一，承担着推动、引导、服务全民阅读的职能，也为文化和旅游融合发展提供推力。习近平曾指出：“要提倡多读书，建设书香社会，不断提升人民思想境界、增强人民精神力量，中华民族的精神世界就能更加厚重深邃。”文化和旅游融合发展的时代背景，为公共图书馆更好地履行推动全民阅读的职能提供了新契机，而对全民阅读的创新探索也为促进公共文化服务的融合发展提供了一条新路径。

2020 年，广西壮族自治区文化和旅游厅推出“走读广西”公共文化服务品牌，以广西各级公共图书馆为依托，整合馆藏资源和地方旅游资源，全区联动开展形式多样的阅读推广活动，在开启全民阅读新模式的同时推动公共文化服务与旅游公共服务融合发展，取得良好反响。

二　主要做法

在 2020 年 4 月 23 日“世界读书日”之际，广西壮族自治区文化和旅游厅在历史文化名城、国际旅游胜地桂林开展“走读广西 · 桂林之旅”文化体验自驾活动，正式拉开“走读广西”品牌活动序幕。活动从桂林图书馆出发，到达会仙喀斯特国家湿地公园，结合户外讲座和摄影教学，并通过“新浪广西”新媒体平台实时直播，点击量和关注量累计 88.3 万人次，为“走读广西”的后续开展奠定了良好基础。

（一）统筹策划，联动开展

“走读广西”由省级文化和旅游行政管理部门牵头统筹实施，省级公共图书馆示范带头联动全区开展。“自上而下”统一规划活动主题、主线，优化整合文献、场馆、文创等资源，为“走读广西”活动的开展提供指导意见。

2021 年，围绕“中国共产党成立 100 周年”主题，广西壮族自治区文化和旅游厅制定印发《“党旗高高飘扬 · 走读广西”庆祝中国共产党成立 100 周年系列活动实施方案》（以下简称《方案》），统筹规划全年全区“走读广西”活动。《方案》规划了开展百书推荐、百场展览、百场讲座、百场直播、百场走读等“五个一百”重点活动，推出一首红歌《党旗高高飘扬》、一个红色书柜、一张《走读广西 · 红色文献地图》、一条红色研学线路、一套红色文创产品等“五个一”文化产品的活动内容。截至2021年，累计开展“走读广西”活动超500场（次），活动呈现规模化、品牌化、模式化雏形。

（二）充实内容，突出特色

广西各级公共图书馆因地制宜，将馆藏资源与地方文化和旅游资源紧密结合，探索培育地方特色品牌项目，使“走读广西”遍地开花。

联展系统展示全区公共图书馆风采风貌。由广西壮族自治区图书馆牵头策划、广西图书馆学会组织实施的2020年“走读广西 八桂美圕（tuǎn）”展览在全区各市图书馆线上线下同步开展，集中展示广西各级公共图书馆的馆容馆貌、品牌活动、总分馆建设情况等，充分展示了文化和旅游融合发展背景下广西各级公共图书馆的创新性发展。2021年，围绕“党旗高高飘扬·走读广西”活动主题，“百年峥嵘　红图巨变——广西公共图书馆发展掠影暨最美阅读瞬间摄影作品联展”在全区各馆展出，生动展示了新时代广西各族人民的阅读之美和百年来广西公共图书馆事业及公共文化服务建设的巨大进步。

各馆地方特色项目充实“走读广西”品牌内涵。柳州市图书馆上线“走读广西·听见柳州”有声故事平台，借助“新、奇、独、特、美”的故事传播柳州文化，深受读者喜爱；广西桂林图书馆组织开展桂林山水画的水墨之道、寻访原生态传统古村落、走读湘江战役之旅等线下“走读”活动，推出“党旗高高飘扬·走读广西——八桂党史记忆”系列专题数字资源；“走读广西·阅荔钦州”活动面向社会招募读者家庭，读者漫步于钦州市灵山县荔枝林，在采摘品尝荔枝的同时了解相关知识，体验了一场生动的品读荔枝研学之旅。

（三）多方合作，创新形式

广西各级公共图书馆充分发挥主观能动性，积极探索创新活动形式，使“走读广西”在线上线下、馆内馆外、市里市外绽放光彩。

“走读广西”+趣味推文。广西壮族自治区图书馆联合全区14个市17

家市级公共图书馆，依托各馆微信公众号、官方微博等开展“走读广西”城市主题线上推介。推文内容紧扣广西 14 市的城市文化内涵和形象特点，结合旅游景点、非遗资源、特色美食及广西图书馆公共数字文化地方资源建设成果，带领广大读者“云游”广西美景、“云尝”广西美食、“云听”广西故事，点击量超 5 万人次。

“走读广西”+自驾旅游。2020 年广西首家“高铁读书驿站”在钦州落成之际，广西壮族自治区图书馆、钦州市图书馆联合开展“走读广西　书香旅途”钦州自驾采风活动。读者可在南宁东站借上一本讲述钦州故事的好书，车上阅读、下车归还，而后漫步钦州老街，体验坭兴陶技艺，探访刘永福旧居，到三娘湾海边寻找中华白海豚的踪迹。2021 年 6 月，南宁市图书馆与旅行社合作招募热心读者、自驾游爱好者，联动南宁、来宾、崇左三市开展“党旗高高飘扬——广西人游广西 · 走读南国抗战之旅”活动，追寻红色足迹，重温抗战历史，首次将“广西人游广西”旅游 IP 与“走读广西”文化 IP 有机融合，实现了“走读广西”活动的跨地域、跨行业。

“走读广西”+社会合作。自治区图书馆与广西广播电视台合作，打造“走读广西 · 遇见好书”活动。通过电视艺术展示图书创作、问世、解读过程，通过故事讲述增加阅读乐趣，通过嘉宾与主持人的互动交流深刻剖析图书内涵。该活动每周一期，每期推荐经典图书一本，深受读者喜爱，获得广泛好评。

（四）扩大宣传，提高美誉

“走读广西”在开展过程中积极创新宣传方式，探索扩大品牌效应，提高社会美誉度。

“走读广西”+媒体营销。2020 年，广西壮族自治区文化和旅游厅组织策划“走读广西 · 带着书香去旅行”央媒记者广西文化行活动，邀请《人民日报》、新华社、《光明日报》等多家中央媒体的 14 名记者代表参加。记者们在 2 天的行程中，实地到访广西高铁读书驿站南宁站、钦州站、北海站，乘坐高铁体验“乘车借书，下车还书”和“通借通还”的高效便捷；走进涠洲岛海岛智慧书房，深入了解第四批国家公共文化服务体系示范项目——北部湾经济区图书馆服务联盟的建设成果。活动有效促进了主流媒体对广西公共文化服务建设和发展现状的了解，大大提高了“走读广西”的品牌知名度和影响力。

“走读广西”+文创开发。2020 年广西壮族自治区文化和旅游厅创新编制《广西公共文化场馆导览图》，以手绘形式集中展示广西市级以上 54 家免费开放的公共文化场馆，并与《广西旅游导览图》结合，制作成小巧轻便的地图折页在全区各市公共文化场馆发放，有效拓展了公共文化服务场馆的旅游公共服务功能（见图 1）。2021 年再次创新编制《走读广西 · 红色文献地图》，以手绘长卷形式将广西 14 个市的 35 个主要红色旅游点连成一体，并在每市版面配以地方特色电子文献资源，读者扫描二维码即可获取电子图书，集数字化、美观性、创新性于一体，方便快捷。

图 1　展示“走读广西”品牌周边拼图的小朋友

“走读广西”+新技术传播。广西壮族自治区图书馆结合本馆“八桂讲坛”活动品牌，联合“广西私家车 930”“广西视听”，特别策划推出“党史百年 · 广西故事”系列讲座，邀请区内外党史研究专家讲述广西红色革命历史。讲座除在各市公共图书馆设置直播分会场外，还在广西电台 FM930 频道《我在图书馆听讲座》栏目播出剪辑短音频，在广西视听 App“八桂讲坛”的《在图书馆听讲座》设置专栏，为广大读者、听众提供直播、回放等服务，进一步扩大“走读广西”的传播面。

三　发展设想

公共文化服务的高质量发展，包括品质发展、均衡发展、开放发展和融合发展四方面内涵。“走读广西”应在深刻把握以上内涵的基础上，进一步发挥优势，提高品质。

一是因地制宜，走出地方特色。广西是我国唯一与东盟既有陆地接壤又有海上通道的省区，是全国唯一一个沿海、沿江、沿边的少数民族自治区，生活着 12 个世居民族，文化、旅游资源十分丰富，14 个市各有特色、各具优势。因此，“走读广西”活动既要全区联动形成合力，又要因地制宜走出特色。

二是精准供给，提高服务质量。找准群众的文化需求，提升公共文化服务供需的匹配度，是提高公共文化服务效能的内在要求。“走读广西”需在优化整合全区文化资源和旅游资源、突出地方特色的同时，根据各个群体的不同需求和偏好有针对性地设计策划，精准供给，推动“走读广西”品牌的高质量发展。

四　经验启示

实践证明，“走读广西”活动品牌有效团结了广西各级公共图书馆的力量，为公共图书馆高质量融入文化和旅游融合发展的时代主流提供了有益经验。

一是统筹规划，优化资源配置。借助行政力量，通过制定方案自上而下规划活动主题、主线，对文献资源、场馆资源、文创资源等特色资源进行统筹和优化整合，为各市、各馆开展活动提供指导意见，促使各级公共图书馆充分发挥文献资源阵地优势，协调地方旅游景区景点及其他相关部门联合开展活动。

二是打造 IP，探索创新业态。“走读广西”活动品牌坚持以读者为中心，把图书馆资源和服务融入各个走读点，形成推进全民阅读的“走读”模式，同时将“走读广西”文化 IP 与“广西人游广西”旅游 IP 融合，成为广西打造高品质文化和旅游 IP、激发地方旅游的文化共鸣、探索“IP+”新业态的一次有效实践。

三是加强合作，谋求多元化发展。以公共图书馆法人治理结构改革、总分馆制建设等为契机，通过文化和旅游行政管理部门、公共图书馆通力协作，引入旅行社、自驾游协会等社会力量，深度挖掘地方特色资源内涵，进行整合优化，让读者、游客在沉浸式的“走读”活动中学习和体验，实现跨地域、跨领域、跨行业的合作共赢。

图书在版编目（CIP）数据

公共文化服务高质量发展研究报告 / 中央文化和旅游管理干部学院编．--北京：社会科学文献出版社，2023.4

ISBN 978-7-5228-1717-0

Ⅰ．①公… Ⅱ．①中… Ⅲ．①公共管理-文化工作-研究报告-中国 Ⅳ．①G123

中国国家版本馆 CIP 数据核字（2023）第 066588 号

公共文化服务高质量发展研究报告

编　　者 / 中央文化和旅游管理干部学院

出 版 人 / 王利民
组稿编辑 / 任文武
责任编辑 / 郭　峰
文稿编辑 / 李艳璐
责任印制 / 王京美

出　　版 / 社会科学文献出版社・城市和绿色发展分社（010）59367143
　　　　　地址：北京市北三环中路甲 29 号院华龙大厦　邮编：100029
　　　　　网址：www.ssap.com.cn
发　　行 / 社会科学文献出版社（010）59367028
印　　装 / 三河市东方印刷有限公司

规　　格 / 开　本：787mm×1092mm　1/16
　　　　　印　张：15　字　数：229 千字
版　　次 / 2023 年 4 月第 1 版　2023 年 4 月第 1 次印刷
书　　号 / ISBN 978-7-5228-1717-0
定　　价 / 88.00 元

读者服务电话：4008918866